LES CHEMINS DE L'EXIL

Logiques Sociales
Collection dirigée par Bruno Péquignot

En réunissant des chercheurs, des praticiens et des essayistes, même si la dominante reste universitaire, la collection *Logiques Sociales* entend favoriser les liens entre la recherche non finalisée et l'action sociale.

En laissant toute liberté théorique aux auteurs, elle cherche à promouvoir les recherches qui partent d'un terrain, d'une enquête ou d'une expérience qui augmentent la connaissance empirique des phénomènes sociaux ou qui proposent une innovation méthodologique ou théorique, voire une réévaluation de méthodes ou de systèmes conceptuels classiques.

Dernières parutions

Isabel GEORGES, *Les opératrices du téléphone en France et en Allemagne*, 2007.
Emmanuel PLOT, *Quelle organisation pour la maîtrise des risques industriels majeurs ?*, 2007.
Pascal LARDELLIER et Michel MELOT (dir.), *Demain, le livre*, 2007.
Emmanuel PLOT, *Quelle organisation pour la maîtrise des risques industriels majeurs ?*, 2007.
Martine BUFFIER-MOREL, *L'emploi du temps au féminin*, 2007.
Lihua ZHENG, Xiaomin YANG (textes réunis par), *France-Chine – Migrations de pensées et de technologies*, 2006.
Emmanuel AMOUGOU, *Les grands ensembles. Un patrimoine paradoxal*, 2006.
Gabriele BUNZEL KHALIL, *Identité en conflit et transaction*, 2006.
Virginie DIAZ PEDREGAL, *Commerce équitable et organisations de producteurs*, 2006.
Lorena PARINI, Thanh-Huyen BALLMER-CAO et Sylvie DURRER (eds.), *Régulation sociale et genre*, 2006.
Angel E. CARRETERO PASÍN, *Pouvoir et imaginaires sociaux*, 2006.
YANG Xiaomin, *La fonction sociale des restaurants en Chine*, 2006.
Gérard DESHAYS, *Un illettrisme républicain*, 2006.
Alain CHENEVEZ, *De l'industrie à l'utopie : la saline d'Arc-et-Senans*, 2006.
Yolande BENNAROSH, *Recevoir les chômeurs à l'ANPE*, 2006.

MYRIAM HACHIMI ALAOUI

LES CHEMINS DE L'EXIL

*Les Algériens exilés en France et au Canada
depuis les années 90*

Préface de Dominique Schnapper

L'HARMATTAN

© L'Harmattan 2007
5-7 rue de l'École Polytechnique ; Paris 5ᵉ
www.librairieharmattan.com
harmattan1@wanadoo.fr
diffusion.harmattan@wanadoo.fr

ISBN : 978-2-296-02718-3
EAN : 9782296027183

Remerciements

Cet ouvrage est issu de mon travail de thèse. Je le dois aux Algériennes et aux Algériens qui ont si généreusement accepté de me raconter leurs chemins de l'exil. Je tiens ici à leur exprimer toute ma gratitude et ma tendresse. J'ai appris beaucoup. Jamais, je ne les oublierai.

Je tiens tout particulièrement à remercier ma directrice de thèse, Dominique Schnapper, qui fut toujours là pour m'accompagner dans mes réflexions. Merci pour nos précieuses séances de travail et pour la confiance qu'elle n'a jamais cessé de me témoigner.

Je remercie sincèrement Denys Cuche pour ses conseils et son amitié qui furent toujours d'un grand soutien. Merci également à Deirdre Meintel pour m'avoir accueillie dans le groupe de recherche Ethnicité et Société à l'Université de Montréal. Merci pour son extrême gentillesse et sa disponibilité malgré la distance. Tous deux furent membres de mon jury avec Vincent Caradec et Patrick Cingolani à qui j'exprime toute ma gratitude pour leurs précieux commentaires.

Je tiens également à remercier Serge Paugam pour le soutien qu'il a su me témoigner.

Merci à mes amies Laurence Le Douarin et Janie Pelabay pour leur relecture, leur affection et nos discussions passionnantes. À Éliane et à Claude qui ont si gentiment relu ce manuscrit. À l'amitié indéfectible de Vincent et de Céline qui m'accompagnent depuis toujours sans oublier la grande famille que je me suis choisie : Alain-Jacques, Jean-François, Fred, Karine, Jérôme de Montréal, Jérôme de Paris, Daredjane, David-Etienne, Chris, les 3 Pierre, Diane, Françoise, Jules, Marianne, Louise, Kemal, Sophie, Magda, Sandra, Antoine ….

Une pensée toute particulière pour Dan.

Enfin, je voudrais dédier ce travail à ma famille, à leur amour et à la mémoire de mon père si cher à mon cœur.

Préface

Myriam Hachimi Alaoui sait écouter et sympathiser avec les personnes qu'elle a rencontrées ; elle maîtrise aussi les instruments de la recherche sociologique, elle sait construire une interprétation, élaborer une analyse qui rend plus intelligibles les comportements des personnes avec lesquelles elle a sympathisé. L'empathie avec les interviewés se concilie avec bonheur, chez elle, avec la rigueur scientifique.

Elle s'est interrogée sur l'immigration et l'intégration des nouveaux venus dans deux grands pays d'immigration et sur les manières de surmonter les épreuves sociales ; c'est la conjugaison de cette double interrogation qui constitue l'originalité et le grand intérêt de ce travail. La première étape a consisté à mener une enquête comparant le destin social des exilés algériens en France et au Canada. L'auteur s'est ainsi demandé le poids que pouvaient avoir les projets politiques et l'histoire nationale des deux sociétés d'installation sur le destin de ces exilés, destin marqué par l'histoire de la colonisation, puis de la décolonisation et par l'ambivalence de leur rapport à la France. D'un côté, une société constituée autour de l'indivisibilité de la République française et ancienne puissance coloniale ; de l'autre, une société francophone, partie d'une nation canadienne qui fait de l'immigration et de la diversité culturelle le socle de son identité collective. Pour mener cette double enquête, elle a constitué deux échantillons aussi semblables que possible. En France comme au Québec, elle a interrogé des femmes et des hommes algériens, francophones, généralement issus de milieux sociaux et économiques privilégiés, qui étaient bien insérés professionnellement en Algérie et qui, pour la majorité d'entre eux, ont été fortement engagés comme acteurs de la société algérienne pendant et surtout après l'indépendance. Mais, pour comprendre pleinement le sens de leur exil et de leur expérience, l'auteur montre de manière convaincante qu'on ne saurait se limiter à analyser les effets de la société d'installation, de son projet politique et de ses politiques d'intégration. Les émigrés ne naissent pas au moment de leur départ d'Algérie et de leur arrivée en France et au Québec, ils sont porteurs d'un destin social élaboré depuis leur enfance en Algérie et qui se prolonge à travers la migration et l'exil malgré la brutalité de la rupture. Il importait de reconstituer ce destin à partir des récits de vie sur la période précédant la migration et de comprendre la logique de leurs comportements en abordant l'exil sous l'angle de l'épreuve.

C'est ainsi qu'en écho à des travaux portant sur d'autres épreuves sociales – la rupture qu'introduit dans une trajectoire biographique, par exemple, le chômage ou la prison - Myriam Hachimi Alaoui a pu construire une typologie des expériences vécues de l'exil. Sa démarche s'enracine dans une tradition issue de Max Weber, celle qui se donne pour ambition de saisir la compréhension du sens que les acteurs donnent à leurs expériences. Elle offre ainsi une excellente illustration de la démarche sociologique, car les expériences les plus individuelles s'inscrivent toujours dans un ensemble plus large qui leur donnent leur sens. C'est en confrontant les résultats des enquêtes, les plus minutieuses, et la réflexion plus large sur notre société, en tant que société historique particulière caractérisée par un projet politique original, que la compréhension sociologique tire son originalité. Un des grands défis de l'analyse sociologique est en effet de mettre en relation les processus historiques globaux - ou macro-sociologiques – avec les résultats des enquêtes empiriques micro-sociologiques -, consacrées aux individus et aux situations sociales concrètes. Les analyses typologiques des expériences vécues ont pour sens et pour vertu de contribuer à expliciter les effets des phénomènes structurels, d'ordre macro-sociologique, tels les politiques d'intégration ou le poids du projet politique national, sur les attitudes et les comportements des individus et, en conséquence, les espaces de liberté, même limités, dont ils disposent pour donner un sens à leur expérience sociale. Elles se révèlent un instrument efficace pour mettre au jour les relations entre des processus globaux ou structurels, donc historiques de la société démocratique moderne, avec les expériences vécues telles que l'enquête permet de les saisir, en observant les conduites des individus et le sens qu'ils leur donnent. Les manières dont les individus intériorisent les conditions objectives de leur destin social tout en les réinterprétant sont au cœur de l'enquête sociologique.

C'est ainsi que Myriam a élaboré deux modalités idéales-typiques selon lesquelles l'épreuve est vécue, qu'elle a qualifiées d'« exil subi » et d'« exil assumé ». Les exilés dont l'expérience est proche du premier type intériorisent passivement leur destin, ce qui les conduit, dans les cas les plus tragiques, à une véritable déréliction ; ceux dont l'expérience est proche du second type réinterprètent leur destin et réussissent à le maîtriser. Les premiers sont presque totalement soumis à l'épreuve, ils intériorisent la condition malheureuse de l'exil et le « jeu » dont ils disposent pour le réinterpréter, s'il n'est pas nul, est très faible. L'exil a rompu, apparemment de manière définitive, la trajectoire et le sens de leur existence. Les seconds, au contraire, disposent des ressources sociales ou personnelles – un projet professionnel transposable dans la société d'installation, la volonté des femmes d'acquérir leur indépendance loin d'une société opprimant les femmes - qui leur ont permis de réinterpréter leur épreuve jusqu'à lui donner le sens d'une réussite personnelle et sociale, produit de leur volonté et de leur capacité d'être modernes et de participer librement et brillamment à une société démocratique.

L'auteur, on le verra, a décrit ces manières de vivre l'épreuve, avec beaucoup de nuances et de sensibilité, elle a comparé chaque fois, pour chacun des types, les conduites et les discours des exilés installés au Québec et de ceux qui sont établis en France. Elle a pu ainsi conjuguer l'analyse du poids des structures sociales et le rôle des acteurs, l'effet des contraintes structurelles et l'autonomie relative des individus. Les résultats auxquels elle parvient permettent tout à la fois de prolonger les analyses classiques de Abdelmalek Sayad, en caractérisant un nouvel « âge », qui serait le « quatrième âge », de l'émigration algérienne – celui des intellectuels francophones et démocrates déçus par la nouvelle Algérie indépendante -, et de constituer une nouvelle étape pour élaborer une théorie générale des manières de vivre les épreuves sociales, telles que le chômage, la maladie, la retraite ou la prison.

Les résultats qu'elle nous présente justifient pleinement la méthode utilisée. Myriam a démontré en acte les apports féconds de l'analyse typologique. Elle en connaît le sens et les limites ; elle s'est gardée de toute forme de déterminisme. L'analyse typologique conduit inévitablement à schématiser et à simplifier le réel, mais la sensibilité et la rigueur de l'auteur lui ont permis d'être attentive aux itinéraires particuliers et à la singularité de chacun d'entre eux. Le lecteur, le sociologue, professionnel ou amateur, tous ceux qui s'intéressent au destin de la société algérienne après l'indépendance, auront un réel plaisir intellectuel à lire cette étude, dans laquelle la clarté et la précision remarquables de la langue renvoient à la clarté et à la fermeté de la pensée. Quant à l'ancienne directrice de thèse, elle est heureuse d'avoir aidé Myriam, fût-ce marginalement, à développer ce travail qui révèle une jeune sociologue au talent sûr.

Dominique Schnapper

Introduction

« Mon exil est le symbole de l'échec sur tout. J'ai échoué et je fais l'expérience de l'amertume. » (M. Formaï, né en 1947, réalisateur, installé en France depuis 1994, à la recherche d'un emploi.)[1]

« Je suis vraiment exilé, c'est-à-dire... se sentir les mains verticales, comme dans un cercueil. Ici, j'ai des mains qui ne servent à rien. » (M. Mouma, né en 1966, journaliste, installé à Montréal depuis 1997, à la recherche d'un emploi.)

« Pour moi, l'exil est très fécond. L'exil m'a permis de garder une distance, c'est-à-dire de voir les choses de plus loin, mais en même temps, de plus près. C'est un peu paradoxal. » (M. Abou, né en 1948, rédacteur en chef d'un journal, installé à Paris depuis 1993, écrivain.)

« Ici, je me sens citoyenne. Je suis en exil, mais je suis citoyenne, plus citoyenne que je ne me suis jamais sentie en Algérie. » (Mme Rajaa, née en 1967, ingénieure, installée à Montréal depuis 1994, ingénieur.)

Durant les années 1990, la guerre civile qui déchira l'Algérie a contraint nombre d'Algériens au départ. D'aucuns ont affirmé qu'elle était une « seconde guerre d'Algérie », succédant au terrible conflit entre la France et l'Algérie. À cet égard, Benjamin Stora retrace

---

[1] Chaque extrait d'entretien est suivi des renseignements suivants : pseudonyme de la personne interviewée, date de naissance, emploi exercé en Algérie, date d'installation à Paris ou à Montréal, et situation professionnelle et/ou formation au moment de l'enquête.

« l'obsédante répétition au fil des noirs récits »[1], au travers des mots qui décrivent presque la même guerre. Obsédante répétition qui obscurcit plus qu'elle n'éclaire le sens du conflit. Car si les rappels à l'« autre guerre » peuvent être saisissants, et si la référence au passé demeure prégnante dans les discours, il n'en reste pas moins qu'il s'agit d'un tout autre conflit. L'année 1954 marquait le début de la lutte armée pour l'indépendance. Trente ans plus tard, ce sont des Algériens qui se combattent et c'est toute la société algérienne qui se trouve prise au piège de la férocité d'une guerre civile, dont l'opacité est longtemps restée l'une des principales caractéristiques. Ce sont d'abord les intellectuels, les universitaires, les fonctionnaires et, plus généralement, les élites francophones et sécularisées qui furent les premières victimes des brutalités perpétrées par les groupes d'islamistes radicaux. Mais l'embrasement de la violence a rendu l'ensemble de la population algérienne prisonnière de la terreur. Menacés ou ne supportant plus cette situation difficile, certains d'entre eux – à tout le moins ceux qui le pouvaient – ont pris les chemins de l'exil. Pour un grand nombre, la France est apparue comme la destination évidente, tant les liens entre les deux pays, aussi ambigus soient-ils, restent profonds. Cependant, au plus fort de la crise algérienne, les autorités françaises ont réduit de manière drastique l'émission de visas : en 1995, sur 1000 à 3000 demandes de visas émises par jour, seulement 200 furent accordés. Obtenir un visa pour la France à partir de l'Algérie relevait presque de l'exploit. C'est la raison pour laquelle d'autres ont choisi le Canada, où les conditions d'installation leur paraissaient bien plus favorables.

La guerre civile algérienne des années quatre-vingt-dix a fait l'objet de nombreuses analyses politiques, historiques et économiques. Toutefois, on connaît mal le destin de ces exilés algériens. Leurs trajectoires demeurent peu interrogées, ou seulement sous la forme du témoignage ou de l'essai littéraire. Dans cet ouvrage, nous nous proposons d'éclairer l'expérience des ces Algériennes et de ces Algériens, au travers de ce qui constitue l'épreuve même de l'exil.

---

[1] STORA Benjamin, *La guerre invisible : Algérie, années 90*, Paris, Presse de Science Po, 2001, p. 51.

Les exilés algériens

Choisir le terme d'exil n'est assurément pas fortuit. Car au cœur des mots qui désignent les migrations se nichent des représentations, dont il est important de mesurer la portée. La distinction « volontaire »/« involontaire » a longtemps été, et continue de constituer, le paradigme dominant des études sur les migrations. D'après cette perspective, certains individus n'auraient pas d'autres choix que de migrer, tandis que d'autres quitteraient leur pays pour des raisons individuelles telles que, par exemple, le désir d'améliorer leurs conditions de vie ou l'épanouissement personnel. Toutefois, les expériences historiques montrent que les décisions de départ sont beaucoup plus complexes et ne sont guère réductibles à l'une ou l'autre catégorie[1]. Elles sont souvent la résultante d'une pluralité de facteurs où se mêlent, à des degrés divers, des éléments personnels, affectifs, familiaux, etc. qui permettent d'établir des distinctions tout aussi légitimes. La dichotomie volontaire/involontaire est souvent corrélée à la distinction entre les dimensions politique et économique de l'émigration, distinction elle-même reconduite dans les catégories « réfugiés »/« immigrés », au point qu'elles ont fini par se confondre. Lorsque les critères « volontaire »/« involontaire » correspondent à des statuts, cette distinction peut s'avérer pertinente, dans la mesure où ces derniers définissent un certain nombre de droits. Être réfugié, par exemple, c'est répondre et satisfaire à une série de droits et d'interdictions qui contribuent à esquisser des trajectoires dans les sociétés d'installation.

Toutefois, ces critères ne détiennent pas nécessairement la vérité du processus migratoire. Le cas des exilés algériens est, à cet égard, éclairant. Certains d'entre eux étaient directement menacés en Algérie. Pourtant, les dangers qu'ils encouraient, aussi réels et attestés soient-ils, ne leur ont pas permis de bénéficier du statut de réfugié en France. Les menaces n'émanant pas directement de l'État, ils ne répondaient pas aux critères qui fondent, en France, la légitimité du statut de réfugié. Reconnaître la qualité de réfugié aux Algériens revenait, pour la France, non seulement à qualifier une autre source de menace, mais également à admettre que les autorités algériennes n'ont pas la possibilité de protéger leurs ressortissants. Cette situation ne s'est pas

---

[1] COLLOMP Catherine, MENENDEZ Mario, *Exilés et réfugiés politiques aux États-Unis. 1789-2000*, Paris, CNRS éditions, 2003.

posée au Canada, en raison de la lecture plus ouverte qui est faite de la Convention de Genève : en s'étendant à d'autres figures que l'État, l'interprétation canadienne de la Convention a permis aux Algériens de bénéficier du statut de réfugié.

S'il faut rester attentif aux usages sociaux des catégories juridiques, c'est qu'au-delà de leur portée directe sur les mouvements migratoires, elles manifestent également le rapport à l'altérité propre à chaque société. À cet égard, la comparaison entre les termes usités respectivement, en France et au Canada, pour désigner les populations migrantes est significative. Alors que l'on parle d'« immigrés » en France, on utilise plutôt le terme « immigrant » au Canada. Ces différences lexicales ne sont pas réductibles à une question de traduction, elles relèvent plutôt de conceptions différentes de la place de l'« étranger ». User du terme d'« immigrant », c'est déjà reconnaître que les arrivants sont susceptibles d'entrer dans la société nord-américaine, pensée comme formant une nation par immigration. La notion d'« immigré » renvoie, quant à elle, à d'autres présupposés. Elle entretient l'idée que la nation française serait née d'un peuple originel. En témoignent les usages communs du terme « immigré » qui, loin de désigner un mouvement migratoire, renvoient à la description – voire à l'assignation – d'une place dans la hiérarchie sociale, dont les stigmates restent présents longtemps après l'installation de la « première génération ».

L'exil comme épreuve

Pour comprendre et analyser l'expérience des Algériens à Montréal et à Paris, nous avons choisi d'utiliser la notion d'exil, précisément, parce qu'elle permet de dépasser la dichotomie « volontaire »/« involontaire », renvoyant elle-même aux termes « réfugié » et « immigré ». Le premier, « réfugié », pêche par son caractère restrictif. Il réfère trop implicitement à un statut juridique dont on connaît les aléas interprétatifs. Outre la charge négative qu'il revêt en France, le terme d'« immigré » apparaît, quant à lui, trop large. Il crée une confusion entre toutes les situations de migration et d'installation (regroupement familial, étudiants, etc.) et ne rend pas compte de l'expérience spécifique des Algériens. En conséquence, nous avons choisi de parler d'*exil*, ou plutôt d'*épreuve de l'exil*.

L'épreuve de l'exil se définit à partir de trois dimensions : la contrainte, la rupture et l'indétermination.

La *contrainte* peut prendre des formes différentes, de la contrainte ultime, lorsqu'elle touche à la vie même des individus, à des contraintes moins dramatiques. L'objectif n'est pas de statuer sur le degré effectif de contrainte, tant sa mesure n'est ni pertinente sociologiquement ni seulement possible. L'intérêt de cette notion réside dans le fait qu'elle permet de spécifier l'« exil ».

La *rupture* constitue le cœur de l'épreuve. Elle se traduit par l'éloignement et le déplacement d'un lieu politique à un autre, sans que le départ participe d'une aspiration individuelle ou familiale. Parmi les Algériens exilés à Montréal, certains s'y sont installés au moyen d'une procédure d'immigration. Cette démarche pourrait supposer la construction d'un projet migratoire. Toutefois, pour ces Algériens, la procédure d'immigration représente seulement un *moyen* de quitter l'Algérie, et non une *fin* en soi. La finalité ne réside pas dans le projet d'une autre vie. Même si, parfois, la perspective du départ réactive une aspiration plus ancienne, l'objectif premier et ultime est bel et bien de quitter au plus vite l'Algérie. Aussi, dans tous les cas, le départ impose une succession de ruptures (politique, temporelle et identitaire) qui marquent irrémédiablement les biographies individuelles de leur empreinte. Par conséquent, les exilés « n'ont plus – selon la jolie formule d'un enquêté – l'avenir qu'ils avaient ».

L'indétermination, quant à elle, touche de manière inégale les différentes dimensions de la vie sociale : le statut juridique dans le pays d'installation, les projets biographiques et l'insertion professionnelle. Pareille indétermination est également liée à la temporalité de l'exil, car il pose irrémédiablement la question du retour. Le chemin sinueux de l'exil peut trouver son terme dans le retour, toujours incertain.

Caractérisé de la sorte, l'exil définit le sens même de l'épreuve[1]. Il conduit à remettre en question les diverses identifications dont la conjugaison forme l'horizon identitaire des individus. Engagés dans l'épreuve de l'exil, ces derniers doivent faire l'expérience de nouveaux statuts, fréquenter des lieux de sociabilité dont ils sont peu familiers et se confronter à des modes de vie différents. Le monde des exilés est un monde où les règles qui préexistaient à l'organisation de leur vie

---

[1] Sur la notion d'épreuve le lecteur peut se référer, entre autres à MARTUCCELLI Danilo, *Forgé par l'épreuve. L'individu dans la France contemporaine*, Paris, Armand Colin, 2006.

n'existent plus. Afin de donner une relative cohérence à leur vie bouleversée, les exilés se trouvent impliqués dans un jeu perpétuel de réinterprétation réciproque entre leur vie *avant* et leur vie *après* l'exil. Parvenir à maintenir une forme de continuité là où il y a eu rupture, telle est la condition du dépassement de l'épreuve. C'est donc aux conditions de ce dépassement que s'intéresse notre enquête, traversée par une question, simple au premier abord : comment, en France et au Canada, les exilés algériens vivent-ils l'épreuve de l'exil ?

Le « quatrième âge » de l'immigration algérienne

L'expérience des Algériens exilés en France et au Québec depuis les années 1990 ne se confond pas avec celle des âges précédents de l'immigration. Leurs trajectoires sociales, leur scolarisation et leur rapport au pays s'éloignent sur bien des aspects des âges antérieurs de l'immigration.

Les exilés sont issus des classes moyennes et de l'élite (intellectuelle, professionnelle) francophone de la société algérienne indépendante. Ils partagent le vif sentiment de faire partie d'une génération historique, traversée par des expériences communes : une promotion scolaire et une forte socialisation militante et culturelle. Leur spécificité réside en grande partie dans une scolarisation francophone qui leur a valu un mode d'insertion singulier dans la société. La majorité d'entre eux ont fréquenté le monde estudiantin des années 1970. Ils ont eu accès à des études supérieures à une époque où l'Algérie apparaissait encore auréolée de sa victorieuse guerre de libération et de son engagement dans la voie du socialisme. Au terme de leurs trajectoires dans l'enseignement supérieur, ils sont parvenus à des postes culturellement valorisants ou, du moins, impliquant de nombreux avantages.

Ils nourrissent une conception des relations sociales née d'un rapport au fait religieux singulier. Depuis l'individu qui demeure profondément croyant dans l'espace familial, jusqu'à celui qui affirme publiquement son athéisme, tous affirment une autonomie du politique par rapport à la religion musulmane. Il est bien évident qu'une telle posture les a placés dans une situation singulière, voire délicate, vis-à-vis de l'opinion « majoritaire » exprimée à travers les élections législatives en 1991.

Compte tenu de ces deux traits – une trajectoire scolaire et professionnelle francophone et un rapport à la religion singulier – leur cheminement, jusque-là ascendant, s'est heurté à l'évolution politique et sociale de l'Algérie. Alors qu'ils étaient pleinement engagés dans la société algérienne, ils ont subi une marginalisation progressive. Leur destin a contribué à porter sur eux le discrédit, suspectés qu'ils étaient de sacrifier à des valeurs étrangères et presque ennemies. Pour reprendre une expression de Dominique Schnapper, on peut affirmer qu'ils ont été les victimes d'un « piège historique »[1] dont l'exil représente la conséquence directe et, pour ainsi dire, la seule issue. Les propos de M. Mourad, journaliste, illustrent clairement le caractère inextricable d'une situation historique dont ils se sentent les victimes :
« *Ce n'est pas ma faute à moi si j'appartiens aussi à cette culture* [la culture française]. *Moi, je suis né en Algérie qui, à l'époque, était département français, et si je parle français, c'est parce qu'à l'école les Français me l'ont appris !* »

Cet extrait d'entretien est révélateur de l'importance que recouvre la question linguistique dans ce piège historique dont les fondements s'enracinent dans la période coloniale. Malgré son hostilité proclamée à l'égard de l'usage du français, l'État algérien a réservé aux élites francophones l'exercice des compétences nécessaires à la direction économique et à la gestion administrative. Comme le souligne Addi Lahouari, cette position « [a] perm[is] de glisser dans l'opposition et de se poser comme émanation idéologique de la société contre le pouvoir, accusé d'être détenu par des francophones appelés *hizb frança* (parti de la France) »[2]. L'effondrement de l'économie administrée a également contribué à disqualifier l'élite francophone, dans la mesure où elle s'est largement identifiée à la politique économique de l'État algérien. L'élite arabophone n'a pas connu le même sort et a pu, par là même, recueillir les fruits de son discours culturel, principalement organisé autour de la religion. Par ailleurs, l'État algérien a instrumentalisé les cadres intellectuels et culturels francophones, afin qu'ils diffusent l'idéologie moderniste de la société post-coloniale. De sorte que les francophones en sont venus malgré tout à détenir les positions les plus prestigieuses, tandis que les arabophones restaient cantonnés dans les postes les moins reconnus socialement. La dualité

---

[1] SCHNAPPER Dominique, « Préface », in HAMOUMOU Mohand, *Et ils sont devenus harkis*, Paris, Fayard, 1993.
[2] ADDI Lahouari, « Les intellectuels qu'on assassine », *Esprit*, n° 208, 1995, pp. 130-138.

entre les deux groupes fut alors attisée : on trouvait, d'un côté, les « arabophones » qui se sentirent dominés économiquement, culturellement et socialement et, de l'autre côté, les « francophones » qui ressentirent l'arabisation comme un facteur d'affaiblissement de leur statut social.

La marginalisation de cette population tient également au soutien apporté à l'idéal démocratique, et ce qu'il s'accompagne ou non d'un soutien envers un État qui, au moins en 1988, a fait sienne la rhétorique démocratique. Dans le cadre de l'enquête, les personnes rencontrées se revendiquent comme étant des « démocrates »[1]. Cependant, il faut garder présentes à l'esprit les divergences qui traversent cette catégorie, notamment depuis l'interruption du processus démocratique. Cet évènement fit éclater le camp de la « démocratie » entre ceux qui soutenaient cette interruption et ceux qui la déploraient. Les premiers furent désignés comme « éradicateurs » et c'est au nom de la démocratie qu'ils décidèrent de soutenir le pouvoir algérien, arguant que le projet islamiste la mettait en péril. Les seconds furent qualifiés de « dialoguistes » ou de « réconciliateurs », et c'est aussi au nom de la démocratie qu'ils s'opposèrent à l'arrêt du processus électoral, la démocratie ne pouvant, selon eux, exister que dans la représentation de toutes les composantes de la société[2]. Quel que fut leur positionnement, leur engagement démocratique fut alors interprété en lui-même, souvent au mépris de la diversité des clivages au sein du courant des démocrates, comme l'ignorance coupable de la place grandissante de la religion dans l'espace public. À telle enseigne que la défense de cet idéal a fini par marquer ces Algériens du sceau de l'étrangeté. L'ensemble de ces éléments sont venus s'ajouter les uns aux autres jusqu'à entourer ces francophones d'un soupçon d'illégitimité vis-à-vis de leur propre société. Soupçon aggravé par le rapport étroit qu'ils entretenaient avec la France (échanges fréquents, liens culturels et nombreux voyages). Pris en étau entre ceux qui revendiquaient

---

[1] Insistons sur le fait que beaucoup d'« arabophones » se définissent aussi comme des « démocrates » et que les « francophones » ne se définissent pas tous comme tels.

[2] C'est ce qui conduit Aïssa Khelladi et Marie Virolle à souligner que : « Ce qui divise aujourd'hui le camp démocratique a trait [...] à la perception du *projet démocratique* », in « Les démocrates algériens ou l'indispensable clarification », *Les Temps Modernes*, n° 580, 1995, pp. 137-153.

l'authenticité contre l'Occident (les islamistes) et un pouvoir autoritaire (les militaires), ils ont alors pris les chemins de l'exil. La France et le Canada constituent les deux principales sociétés d'installation de ce « nouvel âge » de l'immigration[1].

Rencontres

Peut-être plus que d'autres disciplines, la sociologie oblige le chercheur à questionner sa position face à son objet d'étude. L'implication dans un travail de recherche suscite des interrogations, des intérêts, des convictions, voire des craintes que le chercheur porte en lui. Il doit tenter, sinon de les élucider, du moins de les comprendre. C'est une fois immergée dans l'étude empirique que nous avons fini par mieux saisir ce qui nous rattachait à ces exilés et à le formuler de manière plus claire : ce mélange « de *distance et de proximité* » propre à l'étranger. Assurément, le fait que ces Algériens maîtrisent la langue française et partagent les valeurs de la modernité dédramatisait les rencontres avec l'Autre, au Canada et, plus encore, en France. Toutefois, malgré les proximités partagées, ces exilés s'y trouvaient confrontés à des formes douloureuses d'altérité. C'est précisément cette posture singulière, à la fois en dedans et en dehors, et ce sentiment de *décalage* qui s'est avéré fascinant.

La population interviewée est composée de ces Algériens qui ont fui leur pays à partir des années quatre-vingt-dix[2]. L'enquête s'est déroulée à Paris et à Montréal (et leurs proches banlieues) pour des raisons pratiques et, surtout, parce que ces deux villes constituent les lieux d'installation privilégiés des exilés algériens. Nous avons mené des entretiens en profondeur avec 83 personnes (38 à Paris et 45 à Montréal) au cours des années 1998 et 2001. Ces exilés sont issus des classes moyennes et supérieures de la société algérienne ; ils étaient tous solidement intégrés professionnellement en Algérie. Parmi les exilés, on compte des médecins, des journalistes, des ingénieurs, des

---

[1] En 1994, l'Algérie est passée au premier rang des pays sources de demandes d'asile au Québec. Durant le seul mois de novembre 1994, il y aurait eu plus de 1000 demandes, sans compter les réfugiés. Ce potentiel a continué de s'accroître en raison du resserrement des frontières européennes, et plus particulièrement de celles de la France. Depuis 1995, l'Algérie fait partie des dix principaux pays dont les ressortissants sont les plus nombreux au Québec. Alors qu'en 1996, le nombre d'admissions de migrants algériens était de 1794, il est passé à 3093 en 2002.
[2] Par respect de l'anonymat de nos enquêtes, des pseudonymes sont utilisés.

écrivains, des cadres, et des individus œuvrant dans le champ de la culture. À cette homogénéité sociale et culturelle, s'ajoute une proximité générationnelle : seules cinq personnes parmi les 83 interviewées n'appartiennent pas à la même génération. Toutes les autres sont nées pendant la guerre d'Algérie ou juste après l'indépendance. Les statuts juridiques par lesquels ces exilés ont accédé au territoire français et canadien sont divers (Attestation Provisoire de Séjour, visa étudiant, visa touristique, en France ; « revendicateurs de statut de réfugié » ou « résident permanent » au Canada). Dans la mesure où ils sont dépendants des législations en cours en France et au Québec, ces statuts ne sont pas en eux-mêmes déterminants dans le choix des interviewés.

Les personnes rencontrées se définissent successivement comme des « francophones », des « laïcs », des « progressistes » ou, plus généralement, des « démocrates ». Ainsi que nous l'avons déjà souligné, ces appellations génériques ne définissent pas des groupes homogènes ; pourtant, dans le contexte de guerre civile qui règne alors en Algérie, l'amalgame va rapidement devenir la règle. L'usage du terme « francophone » ne sous-tend pas ici un simple clivage de langue, car si la dichotomie restait linguistique, elle serait terriblement restrictive. L'Algérie, comme l'ensemble des pays du Maghreb, s'inscrit dans un registre de plusieurs langues et les pratiques linguistiques des Algériens se distinguent souvent par le passage des unes aux autres. Plus généralement, à des degrés divers, tous les Algériens sont bilingues, voire trilingues (arabe, algérien, berbère). Par convention, on désigne comme « arabophones » ceux pour qui le français est instrumentalisé : pour eux, le français est une langue étrangère qui n'implique pas d'intériorisation identitaire – ou, du moins, est-ce vécu ainsi. Par « francophones », on qualifie ceux pour qui la langue française participe de leur construction identitaire.

Nous avons mené des entretiens en profondeur, conduits de manière très libre. La durée de ces rencontres variait de cinquante minutes à plus de trois heures. Des relations d'amitié se sont tissées. Ce fut l'occasion d'échanger de manière informelle, d'apprendre davantage et de suivre leur trajectoire. Les discours recueillis ont suivi des topographies différentes. À Paris, les propos des exilés étaient plus spontanément politiques. Les Algériens retrouvent en France les débats qui traversent les milieux intellectuels français. Aussi, le passé commun de la France et de l'Algérie constitue, pour eux, un cadre de références qui autorise immédiatement le recours au discours militant. À Montréal, en revanche, les discours témoignaient d'un étonnement que tous manifestaient face à leur nouvel environnement quotidien. Ce qui s'affirmait dans le discours, c'était d'abord la confrontation à l'altérité : l'espace géographique, climatique, urbain, culturel et politique était, pour eux, totalement inédit.

Les lieux de rencontre ont également été différents. En France, les exilés nous ont rarement proposé de mener les entretiens à leur domicile. À l'inverse, à Montréal, les enquêtés sont nombreux à nous avoir ouvert la porte de leur maison. De fait, les entretiens ont pris une allure différente, l'entrée dans le domicile permettant d'emblée l'accès à une part de leur intimité. Les invitations des exilés au Québec n'attestaient pas d'une plus grande générosité, ni du témoignage d'une confiance plus grande à notre égard. Elles s'expliquent plutôt par l'état du parc locatif français et montréalais ainsi que par les statuts juridiques des exilés dans ces deux pays : il est plus aisé de se loger à Montréal qu'à Paris. D'une part, les appartements vacants y sont plus nombreux, d'autre part, les exilés les plus démunis bénéficient d'une aide financière qui leur permet de se loger dignement. En France, l'entreprise est plus difficile : visas temporaires qui empêchent de contracter un bail, prix prohibitifs des locations et absence d'aide du gouvernement. Les rencontres se sont souvent déroulées dans des cafés. Aussi paradoxal que cela puisse paraître, c'est dans ce lieu public que l'on nous a confié les paroles les plus privées. Contrairement au lieu privé où le cadre de vie fait écran à certaines paroles, le café ne renvoie pas à une quotidienneté affective plus ou moins bien vécue, qui s'avère indicible dans ces circonstances. Le lieu public est un lieu neutre, exempt de tout affect, et, par là même, propice à la confidence.

Les entretiens ont eu lieu à un moment particulier de leur trajectoire : à l'époque, les exilés n'étaient plus dans l'angoisse des premiers moments de l'installation et n'avaient pas encore entrepris un travail systématique d'appropriation de leur drame personnel. Les hommes comme les femmes nous ont révélé les différentes facettes de leur expérience : les ruptures des routines, l'incertitude, la découverte de soi, la crise de leur couple, leur manque affectif, la redécouverte du conjoint, etc. Ce travail d'enquête fut essentiel. Il est au cœur de cette recherche.

Deux terres d'asile

L'épreuve de l'exil se réfère toujours à une relation « nous »/« eux » dont les frontières restent largement tributaires des « projets politiques »[1], propres aux sociétés d'installation. C'est précisément pour mesurer les effets de ces conjonctures politiques et historiques que l'enquête s'est bâtie, à partir de la comparaison des trajectoires des exilés en France et au Canada. D'un côté, la France, qui véhicule l'idée de l'indivisibilité de la République, de l'autre, le Canada, qui fait de la diversité et de la reconnaissance des différences, le socle de son identité collective.

Ici sont esquissés les traits qui font la spécificité des projets politiques respectifs aux deux pays. Ils fournissent un cadre éclairant pour l'analyse, sans entrer dans le manichéisme de la comparaison, ni dans une explication déterministe. La situation algérienne, avec son histoire et ses spécificités contemporaines, transparaîtra dans l'expérience vécue des exilés tout au long de l'ouvrage, à travers des récits de vie, des anecdotes et des pratiques qui retracent notamment le rapport au pays d'origine.

Le pluralisme fondateur de la société canadienne

La nation canadienne a dû, dès sa naissance, composer avec la différence. Le compromis de 1867 prend acte de l'échec britannique à assimiler les Canadiens-français. Il instaure le pluralisme comme une donnée structurelle de la société : les collectivités françaises et anglaises s'érigent au rang de « Peuples fondateurs », reléguant dans le même temps les autres collectivités en dehors de l'histoire du pays. Par-là même, il interdit la mise en place d'un modèle assimilationniste à la française. Pendant plus d'un siècle, les Canadiens-français portent des revendications identitaires fondées sur la préservation de leurs singularités à l'intérieur d'un environnement culturel protestant et anglophone. Il s'agit pour eux de préserver la foi catholique et la langue française, toutes deux constituant les principaux traits qui définissent la « nation canadienne française ».

---

[1] Le concept de « projet politique » est emprunté à Dominique Schnapper qui le définit comme « ce qui désigne à la fois les idées – valeurs idéologie – et les réalités objectives – pratiques sociales et institutions -, en constante interaction, par lesquelles s'est installé le processus d'intégration, *La Communauté des citoyens. Sur l'idée moderne de nation,* Paris, Gallimard, 1994, p. 55.

Jusque dans les années 1960, la société canadienne demeure extrêmement divisée. Elle s'organise selon des lignes culturelles qui dessinent un ordre hiérarchique : les individus d'ascendance anglaise et écossaise sont placés au haut de l'échelle sociale, tandis que les descendants des colons français, les immigrants et les Autochtones restent quasiment absents des sphères économiques et sociales. Cette inégalité apparaît au grand jour au travers des résultats de la Commission royale d'enquête sur le bilinguisme et le multiculturalisme de 1963 qui révèleront un écart flagrant entre les différentes composantes de la société. Les conclusions de la Commission permettent d'étayer et d'appuyer les arguments des nationalistes qui décident alors de reformuler leur projet politique, en réinterprétant leur expérience collective comme celle de minoritaires. Il ne s'agit plus d'une quelconque préservation de la « race », mais bien de reconquérir la dignité de leur collectivité. Une identité proprement politique émerge, l'identité québécoise, qui définit les citoyens comme membres d'un peuple revendiquant son existence politique[1].

En 1969, le gouvernement libéral décrète le bilinguisme de l'État canadien. Cette même année, il propose l'abolition des réserves amérindiennes et l'intégration des Amérindiens comme citoyens canadiens, espérant ainsi calmer les revendications identitaires qui se multiplient. Mais ces actions n'ont qu'une efficacité réduite. Les instances amérindiennes refusent l'intégration et réclament une autonomie gouvernementale, la revendication nationaliste des Canadiens-français s'intensifie et les collectivités migrantes contestent la notion des « Deux peuples fondateurs ». Pour renforcer la dynamique d'une citoyenneté canadienne rassembleuse, le gouvernement décide en 1971 de mettre en place une politique officielle du multiculturalisme. Il procède ainsi à une véritable réécriture de l'histoire du pays. Pierre Elliot Trudeau, Premier ministre de l'époque, affirme en 1971 : « Tous les groupes ethniques ont le droit de préserver et d'enrichir la culture et les valeurs qui lui sont propres. En disant que nous avons deux langues officielles, nous ne disons pas que nous avons deux cultures officielles, et aucune culture particulière n'est plus officielle qu'une autre. Les objectifs sont de protéger les libertés fondamentales, de développer l'identité

---

[1] Cf. TAYLOR Charles, « Un avenir pour le Canada ? » (1970), *in* id., *Rapprocher les solitudes*, Sainte-Foy, Les Presses de l'Université Laval, 1992, p. 35.

canadienne, d'élargir la participation des citoyens, de renforcer l'unité canadienne culturelle. »[1]

Perçue comme une stratégie du gouvernement fédéral pour neutraliser les revendications québécoises, cette politique provoque de vives contestations au Québec. En décrétant la diversité culturelle comme le trait distinctif de la nation, elle est accusée de réduire le fait québécois à un phénomène « ethnique ». La question linguistique suscite également les inquiétudes, et c'est précisément au travers de cette question que les Québécois prennent véritablement conscience de l'enjeu de l'immigration. La loi 101, votée en 1977, consacre la francisation de la province et oblige les enfants d'immigrants à fréquenter les écoles françaises. Cette loi concourt, en partie, à apaiser l'insécurité linguistique. La francisation de la Province est alors envisagée comme un moyen de résoudre la question de la collectivité d'intégration, en proposant de nouveaux référents identitaires pour définir une collectivité franco-québécoise. Dès lors, il n'est plus question pour le Québec de définir son projet nationaliste sans emprunter la voie de l'engagement pluraliste.

À travers l'histoire, les francophones, comme les anglophones, ont lié dans leur cosmogonie affirmations politiques et culturelles[2]. Aujourd'hui encore, la possibilité de se voir reconnaître des droits en raison d'une identification ethnique, culturelle ou religieuse reste au cœur des représentations que se font encore les Canadiens (quelle que soit leur ascendance) de leur pays. Louée ou critiquée, cette opportunité de reconnaissance constitue une véritable découverte pour les exilés algériens. Ils s'installent dans une société dans laquelle la mise en valeur de l'identité communautaire est possible, alors qu'ils étaient davantage socialisés sur le modèle de l'idéal républicain.

La France : « Nous et les autres »[3]

C'est dans des termes fort différents que s'est pensée la nation française. Dans la mythologie nationale, la Révolution française

---

[1] Cité dans HELLY Denise, « Le multiculturalisme canadien », *Hommes et migrations*, juillet 1996, n° 1200, p. 26.
[2] HELLY Denise, « Immigrants aux États-Unis, au Canada et au Québec. Un schéma », *in* SIMON-BAROUH Ida, SIMON Pierre-Jean (sous la direction de), *Les Étrangers dans la ville*, Paris, l'Harmattan, 1990, pp. 234-245.
[3] L'expression est empruntée à TODOROV Tzvetan, *Nous et les autres. La réflexion française sur la diversité humaine*, Paris, Seuil, 1989.

représente l'acte fondateur de la nation. Issue symboliquement de la Révolution, elle s'est constituée politiquement contre l'Ancien Régime même si, en réalité, elle est l'aboutissement du processus de centralisation qu'il avait initié. En instituant un nouvel ordre politique, la Révolution transforme les sujets féodaux en citoyens libres et égaux. La nature du lien social s'en trouve changée, et c'est désormais un principe politique immanent et égalitaire qui unit les hommes entre eux. La Déclaration des droits de l'Homme et du citoyen exprime la volonté d'étendre la jouissance de ces droits à toute personne vivant sur le territoire de la République. Ce principe politique se fonde sur l'idée universelle de la citoyenneté individuelle. La notion d'égalité qui lie l'individu-citoyen universel à l'État-nation vaut pour le citoyen, et s'étend même à l'étranger non citoyen, soumis aux mêmes principes d'égalité individuelle. Tout homme peut accéder à la citoyenneté car l'étranger « a des droits en tant qu'homme » et il a « vocation à l'égalité avec le national »[1]. En d'autres termes, c'est par son aptitude à s'arracher à ses déterminations que l'homme devient un citoyen.

Sous l'effet des tourments du siècle marqué, entre autres évènements, par la défaite de 1870, la conception universaliste de la nation laisse place à une conception « nationaliste », au sens moderne du terme, qui finit par associer citoyenneté et nationalité. Dès lors, la question de l'appartenance se pose avec force, éclipsant peu à peu une perspective axée sur les droits politiques et civils des citoyens. La « lutte des deux France », telle qu'elle fut désignée lors de l'affaire Dreyfus, témoigne de cette oscillation entre une conception ethnique et une conception politique de l'appartenance à la nation. Oscillation que l'on retrouve tout au long des débats autour de la nationalité qui se sont soldés par la ratification de la loi de 1889, fixant les conditions d'appartenance à la nation. Néanmoins, malgré un climat marqué par la suspicion à l'égard de l'étranger, la loi de 1889 a réintroduit le *jus soli* dans la définition du citoyen. La croyance en la capacité assimilatrice de la nation française était telle qu'elle a permis que le principe du droit du sol soit entériné par la loi[2].

---

[1] LOCHAK Danièle, *Étrangers : de quel droit ?*, Paris, Presses Universitaires de France, 1988, p. 94.
[2] Cette loi prévoit que l'étranger né en France devient français automatiquement si l'un de ses parents est déjà né en France : c'est ce qu'on désigne sous le nom de double *jus soli*. Si aucun de ses parents n'est né en France, il devient

La réinscription du droit du sol dans la définition de la nationalité correspond à une période d'homogénéisation nationale. Véritable dogme républicain, la politique d'assimilation est considérée comme le moyen privilégié de transformer les populations régionales (basque, bretonne, etc.) et immigrées en citoyens de la République. Les Gaulois sont hissés au rang d'ancêtres éternels pour consacrer la République dans le temps et renforcer l'idée de son unité et de son indivisibilité. L'universalisme républicain d'une société « une et indivisible » dans son épopée coloniale continue dans la même voie de l'assimilation. Véritable « instinct national » cette politique se poursuit dans les colonies pour mener à son terme l'entreprise civilisatrice de la République. Mais l'assimilation dont il était question ne concernait que les colons, et non les colonisés : « Assimiler les indigènes ? On y a songé, mais l'expérience a montré qu'il y avait une illusion et un danger. »[1]

Tout au long de la colonisation, la population indigène en Algérie n'a fait l'expérience de la citoyenneté que sous la forme de la privation. La République française, laïque et indivisible, procède à un véritable découpage ethnique et religieux. Elle distingue en son sein deux catégories de Français auxquels sont appliquées des législations différentes selon qu'ils soient des « Français de souche européenne » ou « musulmane ». Cette inégalité de traitement juridique et politique entre « indigènes » et « citoyens » est justifiée par la conviction de la supériorité des colons. Les colonisés sont perçus comme des « figures inachevées à parfaire »[2], et même pour les plus sincères des assimilationistes, l'égalité des droits n'est envisagée qu'à l'issue d'un

---

automatiquement français à sa majorité. S'il n'est pas né en France, il peut solliciter sa naturalisation. Cette loi crée selon les mots de Patrick Weil, « l'usage républicain du sol » qui se distingue de l'usage monarchique du sol qui exigeait la « résidence présente et future soit fixée dans le royaume ». Avec la République, note-t-il, « l'exigence de résidence présente et future se transforme en exigence de résidence passée. Le lien avec la nation ne résulte plus de l'allégeance personnelle au roi mais de l'éducation dans la société française ; et la résidence passée, constatée au moment de la majorité en est la garantie », Cf. WEIL Patrick, *Qu'est-ce qu'un Français ? Histoire de la nationalité française depuis la Révolution*, Paris, Grasset, 2002, p. 60.
[1]RAMBAUD Alfred, *La France coloniale* (1886) cité dans AGERON Charles-Robert, *France coloniale ou parti colonial*, Paris, Presses Universitaires de France, 1978. p. 194.
[2]BALANDIER Georges, « La situation coloniale : approche théorique », *Les Cahiers internationaux de sociologie*, vol. XI, 1951, pp. 68-69.

long processus de « civilisation ». En réalité, le projet d'assimilation dans le cadre de la relation coloniale contenait en lui-même une contradiction indépassable. Une véritable politique d'assimilation allait inévitablement, à son terme, sonner le glas de la relation coloniale. La politique scolaire est révélatrice de cette aporie. En insufflant les idées de 1789, ne devait-elle pas mener selon sa logique propre à faire naître auprès de ses écoliers le refus du système dont elle constituait la clef de voûte ? Toute l'histoire de l'institution scolaire coloniale témoigne de ce dilemme, traversée qu'elle est par la lutte entre les colons qui souhaitent sa suppression et les républicains qui la défendent. Ces derniers réussirent à imposer leur volonté, sans toutefois souhaiter que leur mission civilisatrice se confonde avec la fusion des collectivités d'Algérie. Aussi, en dépit d'elle-même, l'institution scolaire suscita la formation d'un sentiment nationaliste algérien[1].

Ce détour par l'expérience algérienne pèche par sa brièveté. Mais il est nécessaire pour notre propos car – ainsi que le montre l'enquête – la relation de domination et la guerre qui s'ensuivit ont continué de jouer un rôle tant dans les histoires des deux pays que dans leurs relations. En Algérie, à l'époque coloniale, la suspicion à l'égard des intellectuels francophones n'a jamais complètement cessé et s'est trouvée réactualisée dans les années 1990. Tout au long de la colonisation, les intellectuels de formation française sont restés doublement suspects : suspects d'avoir oublié leur langue et leur religion ; suspects aussi car, par leur éducation, ils avaient échappé au destin de leur peuple[2]. Paradoxalement, l'indépendance, qui était censée fondre les fractions francophone et arabophone de l'élite

---

[1] Guy Pervillé, dans son étude sur les étudiants algériens, note que le sentiment nationalitaire en Algérie est né en partie de la « crise linguistique » subie par les enfants indigènes à l'école. Face à la part faite aux langues, deux attitudes, exclusives et/ou successives, furent à l'œuvre : la francisation ou la prise de conscience algérienne. L'auteur note : « L'écolier était émerveillé par les connaissances insoupçonnées qu'il découvrait à l'école, et le milieu d'origine était dévalorisé par son ignorance en ses matières. En apprenant à dominer la langue dominante, l'élève perdait le sentiment d'être dominé, en « passant maître » dans cette discipline il passait du côté des maîtres. Cette première réaction, positive, de l'élève algérien à l'enseignement reçu le conduirait logiquement à l'assimilationniste. Mais le regret d'avoir perdu contact avec les siens pouvait lui donner tôt ou tard, mauvaise conscience. » Cf. PERVILLÉ Guy, *Les Étudiants algériens de l'université française 1880-1962*, Paris, Éditions du CNRS, 1984, p. 241.
[2] *Ibid.*, p. 290.

algérienne dans une nouvelle élite, les a éloignées davantage l'une de l'autre. « *Hizb frança* » (parti de la France), « éperviers du colonialisme » ; telles étaient les insultes lancées contre les francophones dans les débats qui agitaient le mouvement national algérien. Ce sont les mêmes invectives qui ont accablé nombre d'Algériens de notre échantillon et les ont poussés à l'exil.

La politique du multiculturalisme

Au Canada, la promotion de la pluralité culturelle représente un des traits caractéristiques de la nation. La politique officielle du multiculturalisme décidée en 1971 répond au souci du gouvernement fédéral de créer une identité canadienne. Elle vise à consolider l'unité nationale à travers la reconnaissance de la diversité comme symbole de la nation ; elle érige le pluralisme au rang d'« essence même de la société canadienne ». Cette politique se donne deux objectifs principaux : d'une part, préserver et promouvoir l'héritage culturel des collectivités ethniques du pays pour favoriser une compréhension mutuelle entre tous les Canadiens, d'autre part, favoriser la participation économique et politique des immigrants. Depuis 1971, ces deux dimensions sont accentuées et réinterprétées de manière différente selon les enjeux politiques du pays.

Tout au long des années soixante-dix, la politique du multiculturalisme revêt surtout une vocation culturelle. Elle postule un lien logique entre la sécurité culturelle des minorités et l'identification à la nation. À ce titre, au cours de la première décennie de l'application de la loi, près de 200 millions de dollars sont affectés à des initiatives spéciales pour favoriser la conservation des langues et cultures. Les mesures, les manuels d'histoire sont révisés afin d'y inclure la contribution des « minorités ethniques » ; des programmes d'éducation contre le racisme sont également mis en place et publiés. Mais à la fin des années 1970, les critiques à l'endroit de cette politique affluent. Ce qui suscite les commentaires les plus acerbes, ce n'est pas la multiculturalité en tant que telle, mais le statut qu'elle concourt à donner aux cultures. Le multiculturalisme est accusé de folkloriser les communautés culturelles et de masquer les positions réelles des individus au sein de la structure hiérarchique canadienne. Ces critiques vont conduire à la reformulation de la politique du multiculturalisme qui, tout en continuant à définir la diversité comme une valeur, met désormais l'accent sur l'idée d'unité nationale.

L'adoption de la *Charte Canadienne des Droits et des Libertés*, en 1982, participe de cette évolution ; elle favorise ce que certains ont appelé un « patriotisme de la charte », c'est-à-dire une forme d'allégeance civique articulée autour des seules valeurs formelles des droits fondamentaux[1].

Avec la « nouvelle loi de 1988 sur le multiculturalisme », un changement de cap dans la politique canadienne s'amorce. La loi réaffirme la diversité culturelle comme une caractéristique fondamentale de la société ; toutefois, sur les dix objectifs qu'elle propose, sept d'entre eux portent sur l'application de la loi pour tous et sur l'égalité des chances. Les évolutions de la politique du multiculturalisme se confirment avec la création, en 1991, d'un ministère du Multiculturalisme et de la citoyenneté. Il s'agit désormais de favoriser l'expression des valeurs communes au sein d'une société pluraliste[2]. Dès lors, le multiculturalisme a pour vocation d'assurer les meilleures conditions pour que les nouveaux arrivants développent un sens d'appartenance au pays qui les accueille. Il s'agit de favoriser l'expression de valeurs communes au sein d'une société pluraliste. Progressivement, la diversité culturelle est mise au service de l'unité de la nation et de la lutte contre les discriminations. Ainsi, en 1997, le renouvellement du « Programme du Multiculturalisme » met l'accent sur l'unité canadienne tout en réaffirmant le multiculturalisme en tant que valeur commune. La participation civique, la justice sociale et la lutte contre les discriminations constituent les grands axes de la politique du multiculturalisme. Aujourd'hui, elle vise plus que jamais le renforcement d'une identité canadienne commune, par-delà les différences culturelles.

Au titre de communauté politique, et sur la base des compétences qui lui sont allouées au sein de la fédération canadienne, le gouvernement du Québec s'est également engagé dans une politique de gestion de la diversité. Longtemps réfractaire à la politique du multiculturalisme – en laquelle il ne voyait qu'une stratégie de marginalisation du fait national québécois – l'État du Québec se

---

[1]TAYLOR Charles, *Rapprocher les solitudes. Écrits sur le fédéralisme et le nationalisme canadien*, in id., *Rapprocher les solitudes*, Sainte-Foy, Les Presse de l'Université Laval, 1992, p. 207.
[2]LABELLE Micheline, SALÉE Daniel, « La citoyenneté en question : l'État canadien face à l'immigration et à la diversité nationale et culturelle », *Sociologie et sociétés*, Volume XXI, n° 2, 1999, pp. 125-144.

décide à composer également avec la diversité sur son territoire. En 1981, le gouvernement propose une politique de convergence culturelle, sorte de compromis entre « l'assimilation » et un modèle cloisonné où les groupes ethniques s'organisent de façon parallèle. Cette voie moyenne s'apparente à une assimilation douce : les « groupes ethniques », tout en préservant leurs identités, doivent apporter leur contribution à la culture québécoise. La langue française apparaît comme le cœur de l'identité nationale ; elle est présentée comme un « bien collectif » vers lequel tous doivent converger. En 1990, le nouveau gouvernement libéral avance la notion de contrat moral entre les immigrants et la société d'accueil, et il place au premier plan la notion d'interculturalisme, voulant ainsi marquer sa spécificité vis-à-vis de la notion de multiculturalisme. En réalité, les politiques d'interculturalisme et de convergence culturelle rejoignent à plusieurs égards celle du multiculturalisme. Seule la société de référence diffère : pour les uns, il s'agit du Québec, pour les autres, du Canada[1].

Depuis la fin des années quatre-vingt, la gestion de la diversité du gouvernement québécois suit une évolution proche de la politique du multiculturalisme. Si le pluralisme demeure une valeur dominante des discours officiels, c'est désormais la notion de citoyenneté qui devient centrale. Ces orientations sont déjà esquissées en 1990 dans « l'Énoncé de politique en matière d'immigration et d'intégration » où apparaît la catégorie de « Québécois des communautés culturelles ». Cette évolution se confirme en 1996 avec la création du ministère des Relations avec les citoyens et de l'immigration (MRCI). À l'instar du gouvernement fédéral canadien, le Québec assure la promotion de son discours sur la citoyenneté au travers d'événements symboliques tels que la « semaine québécoise de la citoyenneté », le prix de la citoyenneté et les certificats de mérite civique. Reste que cette « citoyenneté québécoise » n'est pas dénuée d'ambiguïté. Comme le souligne Micheline Labelle, « un gouvernement provincial a-t-il l'autorité et/ou la légitimité pour discuter la citoyenneté québécoise ? »[2] Ce « virage à la citoyenneté », ainsi que le désigne la sociologue, est bloqué par le gouvernement libéral de 2003 qui

---

[1] Cf. CONSTANTINIDES Daniel, « Ethnicité et pluralisme culturel », *Revue internationale d'action communautaire*, 1985, n° 14-54, pp. 65-71.
[2] LABELLE Micheline, « Le défi de la diversité au Canada et au Québec », *Options politiques*, mars-avril 2005.

débaptise le MRCI pour en faire le « ministère de l'Immigration et des communautés culturelles ».

Au-delà de ces changements politiques, le Québec s'inscrit dans une situation ambivalente. Sur le territoire restreint de la Province, il s'impose comme le centre universaliste et homogénéisant face aux revendications particularistes et aux aspirations à la différence. Cependant, dans le cadre du Canada, le Québec se situe au niveau de la particularité[1]. Pour s'accomplir totalement, le projet identitaire québécois compte sur la légitimation éventuelle d'un État-nation souverain. Mais les revendications identitaires, concurrentes aux leurs, amoindrissent son ambition universaliste exprimée par la quête de l'État-nation. Alors qu'il n'a jamais pu réaliser pleinement l'expérience de la souveraineté, le Québec se trouve face à des prétentions identitaires qui s'affirment comme étant de valeur égale aux siennes. En définitive, l'identité nationale québécoise semble vouée à l'ambivalence[2].

Cette ambivalence, on la rencontre dans les discours des exilés au Québec. Les Algériens nourrissent une véritable reconnaissance à l'égard de cette Province qui leur offre l'opportunité de devenir citoyen canadien, tout en se méfiant des velléités autonomistes du Québec.

De l'intégration à la discrimination

Alors que le Canada assume pleinement sa volonté de mener une politique de gestion de la diversité, plus favorable au maintien des traditions des collectivités migrantes, la France, en raison de sa rhétorique universaliste, se montre réticente à engager une politique de ce type. Ce n'est qu'au début des années quatre-vingt-dix que le gouvernement français crée un Haut Conseil à l'Intégration (HCI).

---

[1] Cf. SALÉE André, « La mondialisation et la construction de l'identité au Québec » *in* ELBAZ Mikhaël, FORTIN André, LAFOREST Guy (sous la dir.), *Les Frontières de l'identité. Modernité et post-modernisme au Québec*, in id., *Les Frontières de l'identité. Modernité et post-modernisme au Québec*, Paris, L'Harmattan, 1996, pp. 105-128.

[2] Gilles Gagné note à ce propos : « Inclusive de tous les citoyens, elle est pourtant exclusive aux Canadiens-français ; ouverte à l'Autre, elle lui est pourtant étrangère; projet d'avenir, elle a pourtant son histoire et des raisons d'être qui lui sont particulières », in « Tradition et modernité au Québec ; d'un quiproquo à l'autre », *in* ELBAZ Mikhaël, FORTIN André, LAFOREST Guy (sous la dir.), *Les Frontières de l'identité. Modernité et post-modernité au Québec, op. cit.*, p. 74.

Jusque là, l'idée d'un ministère de l'Intégration avait toujours été rejetée, au motif qu'elle aurait consacré une rupture avec la politique traditionnelle[1]. La définition de l'intégration émise par le HCI reste fidèle au projet politique français, notamment à la logique d'égalité entre citoyens. L'idée d'indivisibilité, fondatrice de la nation française, est encore une fois réaffirmée dans les débats sur la législation européenne autour des questions de protection des minorités nationales et de préservation des langues régionales. Le Conseil constitutionnel réaffirme à l'époque l'opposition de la République « à ce que soient reconnus des droits collectifs à quelque groupe que ce soit, défini par une communauté d'origine, de culture, de langue ou de croyance »[2].

Notons cependant que, depuis quelques années, cet universalisme républicain se trouve confronté à l'émergence de revendications porteuses d'un différentialisme qui met en cause le caractère abstrait de l'égalité républicaine. Du côté de la recherche, on voit se multiplier des travaux faisant état de l'affaiblissement des instances nationales. C'est donc le modèle d'« intégration à la française » qui se trouve mis en cause. La construction de l'espace politique européen participe également d'une réflexion nouvelle sur l'intégration nationale. Les débats portent sur le thème de la citoyenneté et posent la question du lien juridique entre les individus et leur nation. À partir du constat du « besoin de reconnaissance » et de l'affaiblissement du lien national, des auteurs appellent de leurs vœux une plus grande reconnaissance culturelle. Ils soulignent la coupure mortifère entre les principes d'un universalisme abstrait et les expériences quotidiennes des individus, qui subissent des inégalités de fait. Face à cette critique, l'État a requalifié le discours sur l'intégration des immigrés en axant sa politique sur la lutte contre les discriminations.

En 1998, à la suite de la publication d'un rapport du HCI, la « lutte contre les discriminations » est érigée en axe de l'action publique. Cet infléchissement de la politique française, qui s'inscrit dans la dynamique démocratique, n'est pas sans rapport avec les impératifs sous-tendant la construction européenne. Rappelons que depuis la fin

---

[1]SCHNAPPER Dominique, *L'Europe des immigrés. Essai sur les politiques d'immigration*, Paris, François Bourin, 1992, p. 118.
[2]SCHNAPPER Dominique, *La Démocratie providentielle. Essai sur l'égalité contemporaine*, Paris, Gallimard, 2002, p. 201.

des années 1990, la lutte contre les discriminations est devenue un objectif important pour les institutions européennes (notamment, si l'on se réfère à l'article 13 du Traité d'Amsterdam). Elle constitue l'un des enjeux du débat sur la diversité comme en témoigne le projet de Constitution où les thématiques de la diversité et de la discrimination, toutes deux intimement liées, sont largement mobilisées. En France, le thème de la diversité imprègne les débats publics où il est également étroitement associé à celui de la discrimination. Pour ne citer qu'un exemple, dans son discours prononcé à l'occasion de la création de la Haute Autorité de Lutte contre les Discriminations (HALDE) en 2003, le Président français, Jacques Chirac, a usé onze fois du terme « diversité ». Néanmoins, fidèle au principe républicain, l'État français refuse de mettre en œuvre des politiques publiques qui reconnaîtraient des différences entre les citoyens. Pourtant, force est de constater qu'il procède à des arrangements et à des compromis avec les principes. Comme le souligne Gwénaëlle Calvès à propos des politiques de la ville, « en dépit d'un refus affiché de tenir compte de l'origine des individus, les politiques françaises de discrimination positive territoriale – c'est un secret de polichinelle – permettent d'atteindre, sans les nommer expressément et surtout sans les désigner exclusivement, les membres des groupes qui, dans d'autres pays, seraient appréhendés comme des groupes ethniques ou raciaux »[1]. Ce discours codé témoigne de la manière dont l'État concilie le principe formel d'égalité individuelle et la correction d'inégalités qui s'exprime dans les termes de la lutte contre l'exclusion. Si l'aspiration à une plus grande ouverture de l'État français vis-à-vis des revendications culturelles semble partagée, la question cruciale reste cependant celle de la traduction pratique de cette aspiration et celle des modalités concrètes d'une reconnaissance publique des différences.

Cette esquisse des projets politiques français et canadien – l'un renvoyant à l'idée d'unité et l'autre à celle de pluralisme – permet de comprendre les statuts que les sociétés canadienne et française accordent aux exilés. Dans ces deux sociétés, le rapport entre l'immigration et l'identité nationale a pris des formes différentes. Toutefois, à partir de perspectives opposées, on constate depuis quelques années un certain rapprochement des politiques des deux

---

[1] CALVÈS Gwenaëlle, *La discrimination positive*, Paris, Presses Universitaires de France, « Que sais-je », 2004, p. 113.

pays, la lutte contre les discriminations permettant, de part et d'autre, une convergence vers l'objectif de cohésion sociale. Pourtant, l'expérience des exilés algériens montre que les projets politiques continuent d'influencer les parcours des migrants, au moins au travers des politiques d'immigration qui définissent des trajectoires bien spécifiques.

Choisir ses immigrants

L'immigration constitue la pierre angulaire de la mythologie canadienne ; elle reste synonyme de prospérité et de développement dans l'imaginaire collectif. Le pays s'est construit autour de la mise en place d'une politique volontariste d'immigration qui est encore en vigueur aujourd'hui. Dès sa création, l'État canadien envisage l'immigration comme un élément clé de la construction du pays : elle doit permettre son peuplement et sa croissance démographique. Toutefois, jusque dans les années soixante, l'élite anglo-saxonne – les White Anglo-Saxon Protestants (WASP) – constitue le référent culturel central. À l'époque, la sélection des immigrants est fondée sur des critères racistes qui excluent les « Noirs » et les « Asiatiques ». Ce n'est qu'en 1969 que la discrimination reposant sur l'origine nationale est proscrite dans les politiques d'immigration. Dès lors, les critères économiques et démographiques comme mode de sélection s'imposent durablement.

Chaque année, le Canada prévoit des plans d'immigration qui définissent des effectifs d'« immigrants » en fonction de ses besoins économiques et démographiques. Telle que la définit la Constitution canadienne, l'immigration est une compétence législative partagée entre le gouvernement fédéral et les parlements provinciaux. Ici, il convient de souligner que seul le Québec exerce l'essentiel de sa compétence sur la sélection de ses immigrants. Après s'être doté d'un ministère de l'Immigration en 1968, le gouvernement du Québec obtient, dans le cadre de l'entente Couture Cullen, le droit de sélectionner ses immigrants. Désormais, pour s'installer au Québec, les candidats à l'immigration doivent obtenir l'accord des deux gouvernements, chacun les évaluant en fonction de leur propre grille de sélection[1]. Depuis 1991, le Québec fixe ses objectifs d'immigration

---

[1] L'entente Couture-Cullen, scellée en 1982, accorde à la Province du Québec le pouvoir de sélectionner elle-même les candidats qui veulent immigrer.

et adopte, lui aussi, des politiques de sélection et d'établissement. Le gouvernement accorde la priorité à la catégorie des « indépendants » sur laquelle il dispose d'un pouvoir de sélection exclusif.

La politique d'immigration canadienne, depuis 1970, repose sur trois principes : la sélection des immigrants en fonction du marché de l'emploi, le regroupement familial et la protection des réfugiés. Les nouveaux arrivants sont classés en trois catégories : la « famille », les « indépendants », sélectionnés en vue de leur performance économique et, enfin, les « réfugiés ».

La catégorie « famille » inclut le conjoint, les ascendants, les descendants proches ou à la charge de l'immigrant qui est devenu résident permanent ou citoyen. Cette procédure nommée « parrainage » contraint le « parrain » à subvenir aux besoins matériels des « parrainés » pour une période de dix ans. Les membres de la deuxième catégorie, les « immigrants indépendants », sont choisis à travers une « grille de sélection » devenue, depuis lors, le « concept-clé » de la politique canadienne d'immigration. L'objectif est de peupler le pays d'immigrants susceptibles d'apporter à la société la meilleure contribution possible[1]. Les réfugiés, quant à eux, sont distingués en deux catégories : les « demandeurs d'asile » et l'« immigration humanitaire ». La première comprend les réfugiés au sens de la *Convention de Genève*, des « réfugiés parrainés » par des organismes privés[2] et des réfugiés ne répondant pas aux critères de la Convention qui « présentent des besoins spéciaux »[3]. Cette catégorie compte également les « revendicateurs de statut de réfugié », c'est-à-dire les individus qui invoquent le statut de réfugié sur le sol canadien – c'est le cas pour nombre d'Algériens que nous avons rencontrés.

---

[1] CRÉPEAU François, « Le migrant dans l'ordre juridique canadien », *Hommes et migrations*, n° 1200, juillet 1996, p. 16.
[2] Ces organismes s'engagent à subvenir à leurs besoins pour une période d'un an.
[3] Il s'agit des « personnes exilées volontairement ». Cette catégorie vise les personnes de l'Europe de l'Est, à l'exception de la Yougoslavie (cette catégorie a été supprimée en 1990 en raison de l'effondrement du bloc communiste), des « Indochinois » ayant fui leur pays avant le 30 avril 1975 et enfin, des « prisonniers politiques et les personnes opprimées », catégorie qui s'applique aux personnes provenant de la Pologne, du Chili, du Guatemala et du Salvador. Les catégories désignées témoignent de la flexibilité de la politique d'asile canadienne. Un grand nombre des personnes relevant de ces catégories sont des ressortissants des pays communistes, au détriment de ceux de la Convention qui arrivent principalement d'Amérique Centrale.

L' « immigration humanitaire », pour sa part, comprend les réfugiés que le gouvernement canadien sélectionne en collaboration avec le Haut Commissariat aux Réfugiés (HCR)[1].

Depuis la loi de 1989, les conditions d'obtention du statut de réfugié sont rendues plus difficiles. Notons que l'une de ses dispositions – particulièrement traumatisante selon plusieurs témoignages de nos exilés – reconnaît aux seuls agents d'immigration aux frontières la compétence de décider de la légitimité de la demande du statut de réfugié[2]. Les Algériens ont évoqué avec beaucoup d'émotion cette rencontre décisive à la frontière. Ils nous ont décrit l'angoisse et l'extrême sentiment de vulnérabilité ressentis face à des fonctionnaires qui devaient statuer sur leur sort. Jugée peu conforme éthiquement avec l'idée d'asile, la sélection des réfugiés fait l'objet de maintes critiques qui, cependant, n'en viennent pas à entacher la réputation du Canada comme terre d'asile. Visant à trier quels seront les futurs citoyens, une telle sélection apparaît, en réalité, comme « cohérente avec l'objectif d'ensemble de la politique d'immigration conçue comme politique de peuplement devant permettre, à court terme, l'intégration au tissu social et la contribution à l'accroissement de la prospérité collective »[3].

Ils ne repartiront pas

En France, le mythe d'une République une et indivisible a contribué à occulter de la mémoire officielle le rôle de l'immigration dans la construction nationale. Pays d'immigration qui s'ignore ou qui s'est longtemps ignoré, la France a peiné à accepter le caractère

---

[1] Ce dernier s'attache à une première sélection de réfugiés à l'issue de laquelle le gouvernement canadien en opère une seconde en fonction des critères suivants : aptitude à communiquer dans l'une des langues officielles du Canada, âge, niveau de scolarité, antécédents de travail et compétences, nombre de personnes à charge et qualités personnelles.
[2] Si la requête est rejetée, le « revendicateur de statut » peut être immédiatement refoulé vers son pays d'origine ou vers un pays autre selon les critères du gouvernement. En 1997, un moratoire fut déclaré empêchant le renvoi des Algériens non acceptés comme réfugiés. Ces Algériens avaient le droit de rester sur le sol canadien sans avoir le statut officiel de résident permanent. Ce moratoire a été levé en 2003.
[3] CRÉPEAU François, TREMBLAY Philippe, « Les stratégies nord-américaines en matière d'asile », *La Place de l'asile politique dans l'immigration*, Colloque Migrinter-Grisa-Idup, Poitiers 4-5 février, 2000, p. 12.

définitif de l'immigration. Ce n'est que tardivement qu'elle met en place une véritable politique d'immigration. Elle est structurée par l'ordonnance du 2 novembre 1945 qui affirme trois objectifs : favoriser une immigration dans un cadre contrôlé, maintenir le monopole de l'État dans les opérations de recrutement et intégrer les étrangers dans la société française[1]. L'ordonnance n'introduit pas de critères de sélection selon les régions de provenance des immigrés. Formellement, elle est censée traiter tous les immigrants de la même manière. En réalité, elle procède de manière détournée à une sélection par le biais de l'implantation des bureaux du nouvel office national d'immigration. À ce propos, Alexis Spire a montré comment l'État français a longtemps cherché à favoriser une immigration européenne et à décourager l'immigration musulmane des Algériens[2]. Cependant, la loi du 20 septembre 1947 qui entérine la libre circulation entre les deux pays ne peut empêcher les « français musulmans » de venir s'installer dans la métropole[3]. Étant « français », les indigènes ne peuvent être soumis à la même réglementation que les étrangers ; ils échappent ainsi au contrôle de l'OMI. Avec l'indépendance de l'Algérie, les responsables politiques français espèrent que l'immigration algérienne prendra fin. Toutefois, même s'ils adoptent, pour le plus grand nombre, la nationalité algérienne, les Algériens demeurent en France[4]. Les autorités publiques, qui les jugent indésirables, élaborent alors une série de décrets pour freiner leur installation. Par exemple, en avril 1964, un protocole franco-algérien prévoit une première réglementation des flux. Les Algériens qui, avant l'indépendance, n'étaient pas en possession d'un contrat de travail en métropole ne peuvent demeurer en France qu'à une double condition : détenir une carte délivrée par l'Office national algérien des

---

[1]GASTAUT Yvan, « La volte-face de la politique française d'immigration durant les Trente Glorieuses », *Les cahiers de l'URMIS*, n° 5, mai 1999, p. 16.
[2]SPIRE Alexis, *Étrangers à la carte. L'administration de l'immigration en France*, Paris, Grasset, 2005.
[3]La loi de 1947 précisait dans son article 2 : « Quand les Français musulmans résident en France métropolitaine, ils y jouissent de tous les droits attachés à la qualité de citoyens français et sont donc soumis aux mêmes obligations. » STORA Benjamin, *Aide mémoire de l'immigration algérienne. L'immigration algérienne en France. 1912-1992*, Paris, Fayard, 1992, p. 20.
[4]Dès lors, les politiques françaises d'immigration n'ont de cesse de vouloir freiner l'immigration des Algériens en France. De 1962 à 1973, elles favorisent l'immigration portugaise, tunisienne et marocaine au détriment des Algériens.

migrations de main-d'œuvre et satisfaire aux normes du contrôle médical. En 1966, le gouvernement français impose des quotas de touristes algériens et décide la restriction de l'entrée des familles. Une année plus tard, un accord franco-algérien limite le contingent annuel d'entrées d'Algériens sur le territoire au nombre de 35 000. À l'époque, les Algériens sont encore considérés comme une main-d'œuvre provisoirement indispensable. Les autorités françaises, à l'instar des autorités algériennes et des Algériens eux-mêmes, entretiennent l'illusion d'un retour.

En juillet 1974, quelques mois après le premier choc pétrolier, le gouvernement français interrompt l'installation des nouveaux travailleurs étrangers et organise le regroupement familial[1]. La crise apparaît durable ; le chômage devient la principale préoccupation des Français. Dans le but de maîtriser les migrations, Lionel Stoléru, secrétaire d'État, met en place une politique dite « d'aide au retour » qui ne connaît qu'un piètre résultat[2]. Résolues dans leur volonté de renvoyer les travailleurs dans leur pays d'origine, les autorités françaises décident de mettre en place un mécanisme de retour forcé s'adressant à une partie de la main-d'œuvre étrangère installée jusque-là régulièrement sur le territoire[3]. Ces mesures visent principalement les États du Maghreb, tout particulièrement l'Algérie. À l'époque – ainsi que le rappelle Patrick Weil – Valéry Giscard d'Estaing « s'efforce de persuader l'Algérie de coopérer à ce projet, tout en menaçant de faire approuver par le Parlement une législation qui permettrait, sans l'accord de cet État, de contraindre au retour des dizaines de milliers de ses ressortissants »[4]. Cette période, 1978-1980, « est le seul moment où l'action publique est toute entière fondée sur le préjugé de l'inassimilabilité' dans la nation française en raison de l'origine culturelle ou religieuse de l'immigration nord-africaine »[5]. Finalement, le projet est abandonné. Une partie des parlementaires de

---

[1] Cf. VIET Vincent, *La France immigrée. Construction d'une politique, 1914-1997*, Paris, Fayard, 1998.
[2] Celle-ci fut d'abord décidée pour les chômeurs puis étendue aux salariés.
[3] Objectif affiché : 50 000 étrangers régulièrement installés, étalé sur cinq ans (à l'exception des réfugiés politiques et des demandeurs d'asile).
[4] WEIL Patrick, *La République et sa diversité. Immigration, intégration, discriminations*, Paris, Seuil, 2005, p. 17.
[5] WEIL Patrick, « Racisme et discrimination dans la politique française de l'immigration : 1938-1945/1974-1995 », *Vingtième siècle*, juillet-septembre, 1995, p. 20.

droite, les églises de France, les partis de gauche, les syndicats s'inquiètent d'une remise en cause des valeurs républicaines. Progressivement, émerge une vérité à laquelle l'État a longtemps été réfractaire : les « immigrés », largement identifiés aux Algériens, ne repartiront pas. Il faudra dix ans pour que la stabilité du séjour des résidents étrangers installés régulièrement en France soit assurée. Tous les gouvernements suivants vont organiser leur discours autour de deux objectifs : la lutte contre l'immigration clandestine et la stabilité des séjours des résidents, insistant tour à tour, selon leurs orientations politiques, sur l'un ou l'autre volet. Cette « synthèse républicaine » – comme la désigne Patrick Weil – est justifiée par une équation, pourtant jamais élucidée, qui associe « lutte contre l'immigration » et « intégration »[1].

Le débat politique français sur la question de l'immigration et les mesures adoptées souffrent d'un non-dit, qui pourtant les inspire : la référence au passé colonial. L'histoire de l'immigration algérienne en France est, à ce titre, particulièrement significative. Cette histoire vient marquer l'expérience des exilés des années quatre-vingt-dix, même si leurs trajectoires ne se confondent nullement avec les âges précédents de l'immigration algérienne. Pour les exilés, le départ ne s'inscrit pas dans un projet migratoire qu'ils ont eu le temps de travailler. Bien établis dans leur propre société, ils s'éloignent de la figure du *travailleur* et s'apparentent bien davantage à celle du *réfugié*. Cependant, malgré les menaces qui pèsent sur eux, ils se voient écartés de la protection du statut de réfugié. La lecture restrictive de la Convention de Genève en France ne permet qu'aux seuls individus menacés par leur État de bénéficier de la protection de ce statut. Nombre d'exilés sont alors confrontés à une *incertitude juridique* difficile à vivre. Les entretiens sont parsemés de ces récits ayant trait à ce qu'il n'est pas excessif d'appeler le « périple des papiers ». Tenter seulement de dresser le parcours type d'un exilé algérien en la matière est un exercice laborieux, tant les chemins juridiques empruntés sont différents : visa de séjour, statut d'étudiant, visa touristique, etc. Au Canada, en revanche, les individus qui font une demande explicite d'installation peuvent s'installer de

---

[1] FASSIN Didier, MORICE Alain, QUIMINAL Catherine, notent ainsi : « L'expulsion de quelques milliers d'indésirables serait le prix à payer pour permettre à ceux que l'on tolère de trouver leur place dans la société française. [...] Une générosité raisonnable envers les légitimes vient ainsi compenser une sévérité accrue envers les illégaux. » Cf., *Les lois de l'inhospitalité en France, op. cit.*, p. 265.

manière définitive[1]. Acceptés comme « immigrant reçu » ou comme « réfugié », ils obtiennent le statut de « résident permanent » qui leur permet, au bout de trois années, d'acquérir la citoyenneté canadienne[2].

Ces statuts différents ont des effets sur les trajectoires des Algériens, sans pour autant les déterminer. L'enquête le montre, si l'exil peut être appréhendé comme une épreuve sociale, il reste néanmoins fait de nombreux paramètres qui ne sont pas réductibles aux seules dimensions historiques et structurelles. L'épreuve de l'exil porte en elle tout à la fois, le passé, le présent et les projets futurs, le souvenir permanent du déracinement, l'incertitude de l'installation et le sens donné à la vie en exil. Autant d'éléments qui, certes, restent soumis aux conditions sociétales, mais à la faveur desquels l'individu peut inscrire sa marque sur sa destinée.

Les expériences vécues de l'exil

Les résultats de l'enquête se présentent sous la forme d'une typologie à deux termes, l'*exil subi* et l'*exil assumé*, qui rendent compte de deux manières de vivre l'expérience de l'exil, à la fois, en France et au Canada.

Le premier type, l'*exil subi*, correspond à l'expérience des individus annihilés par l'épreuve. Ils estiment être les victimes d'une situation qu'ils n'ont pas choisie. Ils nourrissent le sentiment d'être les objets de l'Histoire et de leur propre histoire. La rupture imposée par le départ est vécue, pour reprendre l'expression de Shmuel Trigano, comme une « rupture passive » dans la mesure où elle est perçue comme venant « toujours du dehors pour la conscience, ni voulue ni recherchée par l'exilé qu'elle accable comme par fatalité »[3]. Dès lors, la difficulté est grande de s'approprier cette vie éprouvée, d'en reprendre

---

[1] Nous évoquons ici les seules personnes qui formulent une demande d'installation définitive.

[2] Il convient de noter que les demandeurs d'asile que nous avons interrogés dans le cadre du volet canadien de notre enquête sont arrivées à Montréal dans les années 1994, 1995. A l'époque, les Algériens se voyaient accordés aisément le statut de réfugié. Depuis, les choses ont changé et la question de l'incertitude juridique apparaît aujourd'hui avec force au Canada à travers le cas des « sans statut » algériens. Concernant la question des « sans statut » algériens, le lecteur peut se reporter à l'article de Julie Mareschal, « Politiques répressives et droits des réfugiés : vers de nouvelles formes de solidarité », *Vivre ensemble*, volume 12, n° 42, été 2004.

[3] TRIGANO Shmuel, *Le Temps de l'exil*, Paris, Payot, 2001, p. 10.

les rênes et de la baliser par des projets qui permettraient de la rendre plus cohérente. Dans cette logique, l'épreuve est vécue à la manière d'une épreuve disqualifiante : elle altère l'estime de soi. Cette expérience témoigne de la difficulté que rencontrent les exilés à maintenir intactes des identifications constitutives de leur être propre.

Le second type, l'*exil assumé*[1], correspond à l'expérience des individus qui parviennent à donner du sens à la rupture de l'exil, certains d'entre eux réussissant même à l'investir d'une valeur positive. En définissant la rupture comme une nouvelle donnée de leur existence, ils réussissent non seulement à s'approprier le nouvel espace politique où ils s'installent, mais surtout, à maîtriser le temps. Dans cette logique, l'exil peut être vécu sur le mode de la compétition : l'exilé appréhende alors son parcours dans la société d'installation comme une série d'épreuves de compétition inhérentes à la vie sociale. L'exil peut également être vécu à la manière d'une épreuve surqualifiante quand il devient le vecteur d'un nouveau statut, revendiqué et valorisé en tant que tel par les exilés dans le pays d'installation. Ces exilés parviennent à se considérer comme les acteurs de leur propre histoire.

L'analyse a révélé quatre dimensions qui expliquent la probabilité des enquêtés d'être proches de l'expérience de l'*exil subi* ou de l'*exil assumé*. D'abord, *la signification du départ et le rapport à l'Algérie*. Cette dimension dessine, en creux, rétrospectivement et projectivement, la relation à l'Algérie. Suivant l'importance des investissements réalisés dans la société que l'on quitte et suivant les bilans que l'on en fait, la vie en exil emprunte des chemins spécifiques, très différents. La signification du départ joue également un rôle important dans l'élaboration de projets, à court ou à long terme, dans la société d'installation. Selon que l'on considère le départ comme définitif, comme une rupture radicale, ou encore comme une parenthèse durant le temps que la situation politique se pacifie, ou enfin comme un événement brutal, presque insensé, l'appréhension du destin en exil prend des formes singulières.

La deuxième dimension correspond à l'*insertion professionnelle*. Cette dernière joue un rôle crucial dans les trajectoires des exilés dans la

---

[1] Pour des raisons rhétoriques, nous utiliserons, dans le corps du texte, les expressions exil « maîtrisé », « dépassé » ou « surmonté », qui renverront à l'expérience de l'*exil assumé*.

mesure où elle détermine des statuts sociaux. La plupart des personnes interviewées étaient inscrites dans des trajectoires où le chômage était exclu de leur horizon. Une scolarité francophone leur avait assuré une intégration professionnelle immédiate. Par conséquent, les pertes consécutives à l'exil font du maintien d'un statut social un élément conséquent de la maîtrise de l'épreuve.

Nous avons désigné la troisième dimension du rapport à l'exil dans les termes du *rapport aux installés*. Cette terminologie, empruntée à Norbert Elias[1], semble la plus neutre pour désigner, à la fois, les natifs des sociétés d'installation et ceux qui y sont établis de longue date, au point d'en avoir épousé les us et coutumes. La dimension *rapport aux installés* recoupe, à la fois, les relations les plus routinières (les interactions de face-à-face dans le cadre de la vie quotidienne) et les relations avec les institutions.

Enfin, la quatrième dimension correspond au *rapport à soi*. Elle recouvre l'ensemble des éléments qui permettent à un individu d'appréhender et de sauvegarder ses identifications les plus cruciales pour assurer la cohérence d'une vie. Ainsi, le *rapport à soi* impose de s'intéresser à la famille qui a suivi en exil, aux engagements politiques et, surtout, à la capacité ou non de se projeter dans l'avenir.

La typologie élaborée relève de la construction, et non de la description. En d'autres termes, l'expérience des interviewés se rapproche plus ou moins de l'un ou l'autre type, sans jamais se confondre totalement avec aucun des deux. C'est pour cette raison que nous utiliserons souvent dans cet ouvrage la formule suivante : « les exilés dont l'expérience est *proche* de l'expérience de tel ou tel type ». Notons également que l'*exil subi* et l'*exil assumé* sont deux expériences qui, loin d'être exclusives l'une de l'autre, peuvent successivement s'inscrire dans l'expérience vécue de la même personne. Il convient d'ajouter à cela que la situation de l'enquête n'est qu'un moment de la trajectoire des exilés qu'ils peuvent interpréter différemment en d'autres temps. De fait, il ne faut pas voir dans cette construction typologique une lecture causale et encore moins déterministe de la situation des Algériens en exil. Bien au contraire, chacune des dimensions à l'œuvre dans l'expérience de l'exil est sans cesse travaillée par les caractéristiques structurelles des

---

[1] ELIAS Norbert, *Logiques de l'exclusion* (1965), Paris, Fayard, 1997.

sociétés canadienne et française ainsi que par la façon dont les exilés réinterprètent les contraintes de ces sociétés.

Ce livre retrace la trame des trajectoires en exil au travers de la compréhension de l'expérience des exilés, depuis la décision du départ jusqu'aux aléas de leur installation. La première partie cerne le cheminement de l'exil vécu dans sa dimension malheureuse. Cette figure montre les conséquences de la rupture, quand les repères d'un monde familier s'estompent progressivement (travail, statut social, image de soi, etc.). Elle engendre cette difficulté à rendre cohérente une vie marquée par la discontinuité. La seconde partie explore les éléments d'un exil vécu dans un horizon heureux. Il y a déjà là un « exil intérieur ». Ces Algériens ressentaient au pays un décalage qui a creusé peu à peu les sillons de la rupture. Ces mises en question, loin de susciter un mal-être récurrent dans l'exil, ont favorisé le dépassement de l'épreuve.

PREMIÈRE PARTIE
L'EXIL SUBI

Une première figure de l'exil émerge, l'*exil subi* [1], caractérisée par la difficulté des individus à surmonter l'épreuve. Ils vivent avec le sentiment prégnant d'être soumis aux événements de la vie, qu'ils ne traduisent plus que comme un univers contingent. Dès lors, leur rapport au temps devient problématique. Il est marqué par un cantonnement dans le présent et par une grande difficulté à se projeter dans l'avenir. Cette manière de vivre l'épreuve de l'exil s'appuie sur les quatre dimensions suivantes : la *signification du départ*, l'*insertion professionnelle*, le *rapport aux installés* et le *rapport à soi*.

Pour eux, la signification du départ prend la forme d'une « impuissance ». Plus encore, l'exil résonne comme un échec par rapport aux espoirs et aux investissements qu'ils avaient placés dans la construction de leur nation. Leur insertion professionnelle est « chaotique » en France, et « précaire » au Canada. « Chaotique » en France car elle est dépendante des réseaux sociaux, amicaux et professionnels de chacun. De ce fait, cette insertion dessine des trajectoires dans lesquelles alternent emplois et « petits boulots ». L'insertion professionnelle au Canada peut être qualifiée de « précaire » dans la mesure où elle s'accompagne systématiquement d'un profond déclassement social. Le rapport aux installés prend la forme d'une relation « humiliante » en France et d'une confrontation à l'indifférence au Québec. En France, les exilés font l'expérience d'une

---

[1] Ce chapitre est exclusivement consacré aux exilés dont l'expérience est proche du type de l'*exil subi*. Pour une facilité linguistique et pour rendre le texte plus lisible, tout au long de ce chapitre les expressions « les exilés » et « nos enquêtés » référeront aux exilés dont l'expérience est proche de ce type.

condition nouvelle inacceptable à leurs yeux : celle de l'étranger. Ils nourrissent une profonde amertume induite par la conviction que ce pays leur doit un autre statut. Au Québec, ils font face à l'indifférence d'autrui, convaincus qu'ils sont d'être cloisonnés dans la catégorie « immigrants ». Ces exilés nourrissent un rapport à soi dévalué, marqué par la baisse de l'estime de soi.

CHAPITRE 1
LE DÉPART, SIGNE D'IMPUISSANCE

> « *L'exil c'est un tournant dans ta vie mais c'est un tournant que tu ne prends pas ; c'est lui qui te prend.* » (M. Met, né en 1952, rédacteur en chef d'un journal, installé à Paris depuis 1994, journaliste et écrivain.)

> « *C'est vraiment une déchirure de quitter. Tu as déjà entendu la phrase : 'Partir, c'est mourir un peu?' Et bien c'est vrai.* » (M. Ali, né en 1953, réalisateur, installé à Montréal depuis 1994, à la recherche d'un emploi.)

Le sens de l'exil ne peut se comprendre qu'à partir d'une réflexion sur le départ. Tenter de comprendre ce que revêt la signification du départ permet à la fois de dévoiler les rapports que les exilés entretiennent avec l'Algérie et de comprendre les modalités par lesquelles se tisse la relation avec la société d'installation. Pour les Algériens proches de l'expérience de l'*exil subi*, l'exil s'impose de l'*extérieur*, comme un bouleversement des temps sociaux de leur vie. Nombre d'entre eux jouissaient d'une situation sociale confortable et reconnue dans la société algérienne. Ils se considéraient comme des acteurs à part entière de la marche du pays. Jamais ils n'avaient envisagé de partir. Ils vivent désormais avec le sentiment douloureux que leur destin leur a échappé. Pour eux, le départ signifie leur impuissance.

La participation à l'histoire algérienne

Les exilés ont participé à des actions militantes au cours de leur jeunesse. C'est dans le milieu estudiantin, traversé par les idées marxisantes des années soixante-dix, qu'ils se sont engagés dans le militantisme. Ces années sont marquées par l'effervescence de la mise en place du régime algérien : discussion sur la Charte nationale et édification du nouvel État les inscrivent dans la dynamique de la construction de l'Algérie indépendante. Nombre d'entre eux se définissent comme des « militants », tandis que d'autres préfèrent la définition d'« intellectuels » et que plusieurs, enfin, se réclament de l' « élite » nationale. Quelles que soient ces identifications, tous évoquent l'Algérie comme le lieu de leur engagement.

L'ethos du militant

Les années des premiers engagements correspondent aux années fastes de l'Algérie. Leader des « pays non alignés », la nouvelle nation algérienne s'affirmait comme un État révolutionnaire voué à la cause des mouvements de libération nationale. Ces années correspondent au passé estudiantin des interviewés dont ils gardent, pour la plupart, un souvenir exalté.

> *Nous, les gens de ma génération, après l'indépendance, nous avions une ouverture extraordinaire, nous étions de culture française, mais en même temps très nationalistes, très ouverts sur le malheur des autres. C'était l'époque de la décolonisation, le tiers-mondisme, le socialisme, Che Guevara...* (M. Mourad, né en 1949, médecin, installé à Montréal depuis 1996, à la recherche d'un emploi.)

> *L'université d'Algérie avait un grand rayonnement dans le Tiers-monde. Et tout ce que la France pouvait compter comme producteurs d'idées, ils sont passés à Alger. Et puis, il y avait la cinémathèque d'Alger, il ne faut pas oublier, c'était une des plus grandes cinémathèques du monde. On m'aurait dit, dans les années soixante-dix : « On te donne de l'argent, beaucoup d'argent pour que tu partes en France », j'aurais dit : « Non ! »* (M. Issam, né en 1960, journaliste, installé à Paris depuis 1995, à la recherche d'un emploi.)

Dans leur jeunesse, ils ont participé aux activités de l'Union Nationale des Étudiants Algériens ou aux campagnes de volontariat mises en place par le Front de Libération Nationale (FLN) dans le cadre de la Révolution agraire. Certains d'entre eux s'engagent dans les mouvements de revendications berbères, des femmes militent dans des mouvements féministes, d'autres, encore, participent aux actions du Parti d'Avant Garde Socialiste (PAGS)[1] où à celles de

---

[1] Le Parti d'Avant Garde Socialiste (PAGS), est l'héritier du Parti Communiste Algérien (PCA). Créé par les anciens du PCA, le PAGS apporte un « soutien

groupuscules d'extrême gauche d'obédiences diverses. À l'époque, l'enseignement universitaire est marqué par une rhétorique néo-marxiste dont beaucoup furent pétris. Ils évoquent cette période avec emphase, usant d'un vocable où abondent les références aux mouvements révolutionnaires de l'époque.

> *Après le bac, c'était la fac, j'étudiais en lettres anglaises. Les années 70, c'était une belle époque, la fac était encore très francophone et, c'est con de le dire, mais il y avait des gens brillants, pas en arabe mais en français et extrêmement politisés. Je me souviens d'assemblées enflammées où on citait Marx et Sartre, on parlait d'identité arabe, le tout arrosé de bière, on croyait à un idéal que Boumediene avait mis en place : le Tiers Monde nouveau, le nouvel ordre économique mondial, la réappropriation de la dignité. Tout s'est ensuite cassé la gueule ouvertement.* (M. Réniette, né en 1955, universitaire et écrivain, installée en France depuis 1994, écrivain.)

D'autres, tout en soulignant avec enthousiasme l'effervescence de l'époque, signalent la nature autoritaire du pouvoir. Ils sont nombreux à avoir expérimenté le caractère policier de l'État algérien[1].

> *La sensation de danger et d'insécurité, on l'a toujours eue. Depuis que j'étais étudiante, dès que tu commences à militer, tu as cette peur au ventre. Quand tu es suivie par la Sécurité militaire ! Donc, tout ça, ce climat, tu le sens...* (Mme Safi, née en 1957, cadre, installée en France depuis 1994, à la recherche d'un emploi.)

Leurs études terminées, ils ont continué à militer au sein de leur milieu professionnel. La trajectoire de Mme Safi, qui confie avoir fait « *ses premières armes* » de militante au lycée, est exemplaire de ces parcours. Malgré un père « *très sévère* », elle participe, au cours de sa jeunesse, aux activités de l'Union Nationale des Jeunes Algériens (UNJA) conduites sous l'égide du Parti. Le discours officiel, axé sur la construction nationale, permet que les « pères stricts » autorisent leurs filles à investir l'espace public.

---

critique » au pouvoir. La reconnaissance d'une légitimité nationale est constamment déniée à ce parti en raison des accusations suivantes : liens anciens avec le PCF, absence de compréhension du mouvement national, retard dans l'approbation du 1er novembre 1954. Sans avoir d'existence légale, le PAGS est mis à profit pour procurer une assise populaire au socialisme spécifique de Boumediene.
[1] La Sécurité Militaire était surnommée la « SM ».

> *L'UNJA c'était le seul moyen de m'exprimer, ou plutôt je voyais que je pouvais m'épanouir, la mixité n'était pas mal vue. C'était le seul moyen de s'évader, d'éviter le cocon familial ... Il y avait énormément de choses qui se passaient en Algérie, je m'y étais vraiment investie à partir de la seconde. [...] La Révolution agraire a révolutionné la société en Algérie, elle a fait sortir les femmes de la campagne. C'est le moment qui a bouleversé des familles algériennes, sans ça mon père ne m'aurait pas laissé sortir. Je n'avais pas le droit d'aller chez ma copine faire mes devoirs mais là, je pouvais sortir de la maison, aller à la campagne, discuter avec des hommes et en parler avec mon père.* (Mme Safi, née en 1957, cadre, installée en France depuis 1994, à la recherche d'un emploi.)

C'est véritablement un ethos de l'engagement qui émerge des discours. Cet engagement s'exprime sur le mode classique du militantisme : vocation, sacrifice et don de soi. Ils se sentaient investis d'une mission au nom de laquelle ils étaient prêts à de nombreux sacrifices. Leur vie familiale et leur vie professionnelle étaient subordonnées à l'action militante.

> *Le militantisme a toujours pris une énorme place dans ma vie. Accessoirement j'avais des histoires d'homme mais le militantisme a toujours été le moteur central de mon existence. J'ai tout consacré à ça. J'ai milité jusqu'en 92. Dans ma cité, ça s'est su très vite parce qu'en 83, j'ai été arrêtée. J'ai fait 4 ou 5 mois de prison en tant que militante du Parti des Travailleurs. Ça a été la première fois qu'on arrêtait des femmes publiquement dans une affaire strictement politique. Ensuite, on a fait la grève de la faim pendant environ 18 jours, jusqu'au moment où tout le monde a été incarcéré dans de meilleures conditions et qu'on soit séparé des prisonniers de droit commun. On voulait être reconnu comme réfugié politique [...] On a été gracié, moi, je voulais le statut de prisonnier politique mais ils ont refusé.* (Mme Liamine, née en 1952, cadre, installée à Paris depuis 1992, à la recherche d'un emploi.)

La dimension sacrificielle du militantisme est particulièrement affirmée dans les discours des femmes. Cela s'explique, d'abord, du fait de leur prise de conscience, dès leur plus jeune âge, d'inégalités de traitement au sein de l'espace familial. À titre d'exemple, parmi tant d'autres, la colère de Mme Safi est toujours vivace quand elle se souvient : « *Quand mon frère a eu son bac, il s'est fait payer un voyage à Tunis et, quand j'ai eu mon bac, on ne m'a rien dit. Rien, que dalle !* » Cette différence de traitement est révélatrice du statut d'infériorisation des femmes dont la place devrait être de rester à la maison. Mme Safi dut mener d'âpres discussions et aller jusqu'à faire la grève de la faim pour que son père accepte qu'elle poursuive des études universitaires.

> *J'ai dû faire une grève de la faim pendant une semaine pour aller à l'université. Quand j'y pense... Mon père ne s'attendait pas à ce que j'aie mon bac avec la mention. En faisant le volontariat il pensait que ça allait me faire échouer. [...] Finalement, il a abdiqué.* (Mme Safi, née en 1957, cadre, installée en France depuis 1994, à la recherche d'un emploi.)

L'engagement des femmes a très souvent commencé au sein de leur propre famille. Ce militantisme émancipateur de l'espace familial s'étend, ensuite, à tout l'espace social car elles ont davantage à s'imposer dans un espace public fondamentalement fait pour et par les hommes. Les militantes relatent leurs luttes quotidiennes qui ont peu à peu transformé la « révolte » et la « revendication » en une véritable posture à laquelle elles identifient leur vie. Mme Hind, médecin en Algérie, affirme avec beaucoup de solennité : « *Pour moi, le sens de la vie, c'était le militantisme [...] Quand on est militant, on ne l'est pas à demi, c'est toujours entier, total.* »

Ces Algériennes déclinent une grammaire du militantisme où se conjuguent leurs batailles journalières et celles menées dans les associations. Elles ont dû assumer des adversités successives, car leur engagement militant les exposait à la réprobation. Nombreuses sont celles à nous avoir confié le devoir d'exemplarité qui leur incombait. Elles devaient, de manière permanente, prouver que leur volonté de s'approprier l'espace public n'était pas motivée par un désir égoïste d'émancipation personnelle, mais par un idéal politique. L'importance de cet idéal et le mode de vie exemplaire qu'elles voulaient affirmer ont conduit beaucoup d'entre elles à choisir un conjoint qui partageait leurs idéaux. Un tel partage de convictions peut être apprécié par les hommes, tandis qu'il s'avère indispensable pour les femmes. Certaines d'entre elles étaient plus impliquées socialement que leur mari, mais il n'en restait pas moins que la condition de l'exercice de leur militantisme supposait celui de leur mari. Les militantes ont « choisi », comme elles le disent avec insistance, un conjoint avec lequel il serait possible de continuer à militer. Mme Galil, militante syndicale, se souvient de la « petite révolution » qu'elle mena dans sa famille pour épouser celui qu'elle avait choisi.

> *Je me suis mariée en 1980, mon mari était à l'organisation de la jeunesse et il travaillait dans une entreprise publique de bois. On a fait une petite révolution pour le mariage, on n'a pas tenu compte du tralala. D'abord, il n'était pas question qu'il y ait de dot, car on ne m'achète pas. Il ne fallait pas que je fasse le mannequin, je n'étais pas de la marchandise. Il y avait eu une demande de mariage, et mon frère n'était pas d'accord parce qu'il n'était pas kabyle et parce que c'est moi qui l'ai choisi. Ma mère ne voulait pas parce que j'étais fille unique et que j'étais encore à la fac. Moi, je voulais ma liberté. Soit je coupais le cordon avec la famille et ma mère ne l'aurait jamais supporté, soit je trouvais une autre issue. Donc, quand j'ai connu mon mari, j'ai décidé de me marier et de mener ma vie telle que je l'entendais. Alors, tu vois, au niveau de mon couple, j'ai fait mon choix : ma liberté avant tout. Mon mari était du même bord que moi et s'il n'avait pas accepté, j'aurais divorcé.* (Mme Galil, née en 1950, cadre, installée en France depuis 1994, secrétaire.)

Elles ont épousé des hommes avec lesquels elles souhaitaient fonder une famille où l'égalité serait possible. Elles rêvaient d'une relation conjugale qui relèverait plus de l'association que de la relation hiérarchique. C'est ce qu'a réussi Mme Galil. Son mariage fut l'occasion de s'émanciper des obligations inhérentes aux traditions familiales et d'établir des règles plus égalitaires au sein du domicile conjugal.

> *Mon fiancé c'était quelqu'un qui militait avec moi, il faisait partie d'une même cellule clandestine. Et, à un moment donné, le mariage est apparu pour moi comme une sorte de liberté vers quelqu'un qui était mon égal et contre qui je pouvais me bagarrer mieux par rapport à la justice que contre mon père.* (Mme Galil, née en 1950, cadre, installée en France depuis 1994, secrétaire.)

Plus généralement, pour ces militants, hommes ou femmes, c'est le désir de justice qui constitue l'élément moteur de l'engagement dans la société civile. Ils percevaient leur rapport au monde et à l'Algérie en termes de lutte. Ils se sentaient investis d'une mission qui impliquait l'engagement de leur vie.

L'engagement intellectuel

Si certains se définissent comme des « militants », d'autres préfèrent avancer le terme d'« intellectuels » pour parler d'eux-mêmes. Cette différenciation tient sans doute de la nuance, mais elle fonctionne comme signe de distinction. Ces exilés affirment refuser toute forme d'implication organique à des partis. Cette manière d'envisager l'engagement contribue à renforcer leur identification comme tels, – la liberté d'esprit correspondant à une pièce maîtresse de l'image véhiculée par la figure classique de l'intellectuel. L'emploi du terme « intellectuel » peut être critiqué dans une société où l'autonomie du champ intellectuel n'a pas pu être réalisée. Toutefois, cela n'interdit pas de parler d'intellectuel en Algérie. Comme le souligne Aïssa Kadri, même s'ils sont « instrumentalisés pour la plupart » ou assignés à n'être « que dans l'asile ou dans l'exil »[1], ils existent. En Algérie, comme dans l'ensemble des sociétés maghrébines, la fonction de socialisation politique et culturelle du système éducatif fut très forte dans les années soixante-dix même s'il a eu « tendance à suridéologiser les engagements et les prises de positions intellectuelles »[2]. Les filières universitaires francophones ont produit nombre d'intellectuels chargés de moderniser le pays. C'est par ce parcours spécifique, inscrits dans l'histoire de la construction de la nation, que les Algériens se sont sentis d'emblée engagés.

> *Nous étions dans un pays où nous occupions des places de cadre. Nous avions de bons salaires et puis nous étions aussi des faiseurs d'opinion, des créateurs.* (M. Zem, né en 1952, rédacteur adjoint d'un journal, installé à Paris depuis 1991, vigile.)

En fonction de leurs diplômes, de leur culture, les exilés nous ont raconté comment ils ont rêvé de participer à la constitution d'une société qui saurait tirer parti du meilleur des deux mondes. Il s'agissait pour eux d'aménager les fondements de la société algérienne en lui insufflant les valeurs affirmées par l'ancienne société colonisatrice, telles qu'ils les avaient apprises à l'école : la liberté, l'égalité, la démocratie. C'est ce qui permet de comprendre les propos de M. Bibène. Il perdit ses deux frères dans la guerre. Cette tragédie n'a pourtant pas induit de sa part un rejet de la France. Il a su faire la distinction entre les garants de l'ordre colonial et les valeurs universelles qu'il a découvertes à l'école de la République. Son souhait le plus cher était de construire une Algérie libre et indépendante, sans se couper des idéaux démocratiques portés par la culture française.

---

[1] KADRI Aïssa, « Comparabilité et conditions de la comparabilité dans l'analyse des intellectuels algériens », *in id.*, (sous la dir.), *Parcours d'intellectuels maghrébin. Scolarité, formation, socialisation et positionnement*, Paris, Karthala, 1999.
[2] *Ibid.*, p. 37.

> *Et puis on a connu des Français qui étaient libéraux, pas seulement des parachutistes ou des légionnaires, et on n'a pas transformé cet idéal de libération en un sentiment plein de haine. On est resté toujours très ouvert à la culture française qui est une porte d'entrée à la culture occidentale. Donc on est une synthèse, tout en étant critique sur un certain nombre de choses.* (M. Bibène, né en 1945, médecin, installé à Paris depuis 1994, consultant.)

La majorité d'entre eux se perçoivent comme une « génération de transition », celle qui marque le passage de la société colonisée à l'Algérie indépendante.

> *On est aussi une génération de transition, on a grandi dans un environnement très puritain, dans des relations communautaires. On a réussi à atténuer ça sans tout remettre en question, car on n'a jamais fait de révolution contre nos aînés, mais on a réussi à transformer un certain nombre de choses qui sont normales dans une culture occidentale, mais qui sont pour nous une révolution. On a commencé, plus particulièrement les gens qui habitaient dans les villes, à ne plus accepter qu'on nous marie sans connaître notre femme. [...] Il ne faut pas oublier que la culture française a été chez nous à l'origine du mouvement de libération nationale. On s'est inspiré des idées libérales nées de la Révolution française, on se les est appropriées et, on a essayé ensuite de ramener cette modernité dans notre société, mais ça a été un échec.* (M. Bibène, né en 1945, médecin, installé à Paris depuis 1994, consultant.)

Nombre de ceux qui s'affirment comme des « intellectuels » sont issus de familles qui se sont fortement impliquées dans la guerre d'indépendance. Les combats politiques des « pères » pendant la guerre d'Algérie leur ont fourni un univers de références où l'engagement et l'intérêt pour le bien public ont pris une place importante. Mme Bachaï raconte l'admiration qu'elle voue à son père.

> *Mon père était un être exceptionnel. Il était autodidacte, il n'est jamais allé à l'école, mais pourtant, il a ouvert la première librairie en langue nationale à Oran, juste les premières années après l'indépendance. Mon père, en 45, a créé la première cellule du PPA (Parti Populaire Algérien), ils étaient cinq. C'est un personnage qui a eu de grands engagements et il n'étale pas ce qu'il fait.* (Mme Bachaï, née en 1952, cadre, installée à Paris depuis 1994, à la recherche d'un emploi.)

Pour cette génération, la « guerre des diplômes » a succédé à la guerre d'indépendance. L'investissement personnel dans les études continue une certaine tradition familiale et devient la condition de possibilité de l'engagement à construire la nouvelle société algérienne. Cette réussite permet de s'acquitter d'une dette à l'égard de l'histoire familiale.

> *Je vous ai parlé d'un frère qui est mort et qui a pris le maquis à 17 ans. Il est mort à 20 ans à peine. Mon père, lui, était commerçant. Je me rappelle que les jeunes de mon village se retrouvaient en face de la maison, ils sont tous morts pendant la Révolution. C'était des gens de très grande valeur, ceux qui tiennent le pouvoir n'ont jamais pu les égaler. Tous ces gens sont morts et je me rappelle, j'étais gamin, on allait voir mon frère au maquis et il disait à ma mère : « Je vais vivre ou mourir, je ne sais pas, mais le plus important c'est que les enfants pourront un jour vivre dans la dignité. »* (M. Bibène, né en 1945, médecin, installé à Paris depuis 1994, consultant.)

Ce positionnement social, résultat de leur réussite scolaire et universitaire, conduit certains d'entre eux à se revendiquer comme des « élites ». C'est explicitement ce qu'affirme M. Kader, médecin en Algérie, qui décrit sa trajectoire de la manière suivante : « *Notre cheminement universitaire fait que l'on fait partie des élites, tout au moins les élites sur le plan technique et culturel.* » C'est ce statut social dominant, en tant qu'il confère prestige et pouvoir, qui leur permet de s'identifier comme des acteurs engagés de la société algérienne, même si « cet engagement » n'a jamais pris les formes du militantisme.

Quelles que soient les modalités par lesquelles ils se définissent (militants, intellectuels ou élites), les exilés se percevaient comme des acteurs de l'histoire algérienne. L'exil symbolise pour eux l'échec.

De la vie bouleversée à l'exil

L'évolution politique et sociale de la société algérienne a suscité nombre de mises en questions chez les exilés. Pour comprendre les processus qui les ont conduits à se sentir les victimes d'une situation qui leur a échappé, le rappel, même succinct, de certains éléments de l'histoire contemporaine de l'Algérie semble nécessaire.

Les mises en question

C'est à partir de la fin des années quatre-vingt que les exilés ressentent un certain malaise dans leur société. À l'époque, la situation économique et sociale se dégrade et le consensus qui s'est plus moins maintenu autour du gouvernement de Boumediene est battu en brèche. Jusqu'alors, le pouvoir bénéficiait d'une légitimité historique : au nom du patriotisme révolutionnaire, le régime de Boumediene, né d'un coup d'État, est accepté. La redistribution généralisée de la rente pétrolière contribue, elle aussi, à assurer la concorde sociale. Mais la crise des années quatre-vingt bouleverse cette situation. L'accroissement des différences de revenus, l'augmentation du taux de chômage et le développement de la corruption mettent en cause l'État. Sans compter qu'avec la chute brutale du cours des hydrocarbures, il n'a plus les moyens de financer les importations nécessaires. Les produits de première nécessité manquent et c'est tout le régime qui perd sa crédibilité.

Le colonel Chadli hérite du système du parti unique en succédant à Boumediene. La fusion entre le Parti et l'État, depuis 1980, implique que tout élu politique, responsable d'un syndicat ou d'une organisation de masse, doit adhérer au FLN. La soumission de l'Islam à des valeurs officielles est maintenue et réaffirmée dans la Charte nationale de 1986, « l'État nationalise l'islam sans vouloir le modifier » rappelle Benjamin Stora pour qui ce refus de la soumission de l'État à l'islam, constitue un facteur crucial pour expliquer le surgissement du mouvement politique islamiste[1]. Sur le plan économique, le gouvernement Chadli s'ouvre au libéralisme. Il entreprend la restructuration des grandes sociétés nationales, jusqu'alors fierté de l'économie algérienne. Les résultats sont catastrophiques et entraînent la démobilisation des cadres et le développement de l'affairisme. Amputé d'une large partie de ses revenus, endetté, l'État est contraint de réduire encore ses importations ; la vie quotidienne des Algériens devient de plus en plus difficile. La pénurie des produits de première nécessité favorise les trafics en tout genre, du petit trabendiste qui réalise quelques profits en revendant des produits achetés à l'étranger, au « trabendo du monopole » dont les spéculations se chiffrent en milliards[2].

---

[1] STORA Benjamin, *Histoire de l'Algérie depuis l'indépendance*, Paris, La Découverte, 1994.
[2] LABAT Séverine, *Les islamistes algériens. Entre les urnes et le maquis*, Paris, Seuil, 1995, pp. 29-30.

L'affairisme généralisé commence à gangrener l'ensemble de la société. Il favorise l'émergence, notamment au sein des couches les plus défavorisées, d'un islamisme radical qui conteste, au nom de la religion, le régime politique en place et son incapacité à résoudre les problèmes qui assaillent le pays. Face à la corruption, les islamistes prétendent incarner la moralité, car ce qui frappe l'Algérie n'est pas simplement une crise économique ou politique, c'est également une profonde crise morale. Les émeutes d'octobre 1988 manifestent l'exaspération de la population, et particulièrement celle des jeunes[1]. Réprimées de manière sanglante[2], elles symbolisent l'effondrement de la mythologie officielle de l'État populaire. Ce climat insurrectionnel conduit le gouvernement à rédiger une nouvelle constitution qui ouvre la voie au multipartisme. Pour la première fois depuis son indépendance, l'Algérie s'engage, en 1989, dans un processus de démocratisation. En l'espace d'une année, plus d'une centaine de partis voient le jour. Des Ligues des Droits de l'Homme et des associations de femmes se multiplient et six nouveaux quotidiens sont créés. Parmi les exilés, certains se rappellent l'espoir qu'avait suscité ce processus de démocratisation.

> *J'ai rencontré des gens, il y avait les événements de 88, on pensait qu'il y aurait une réelle démocratie, qu'on deviendrait de vrais citoyens même si on risquait d'être battu. C'était notre pays, on voulait participer, ressentir la citoyenneté.* (M. Mouma, né en 1966, journaliste, installé à Montréal depuis 1997, à la recherche d'un emploi.)

Mais, rapidement, nombre d'entre eux commencent à se sentir instrumentalisés par l'État. Alors que leur discours se structure autour d'une revendication démocratique, l'État, en décidant l'instauration du multipartisme, les prive par-là même de l'argument principal de leur opposition. Comme le soulignent Aïssa Khelladi et Marie Virolle, « aux yeux de la grande majorité de la population, le pouvoir en se démocratisant, venait rejoindre objectivement le camp des démocrates

---

[1] Protestant contre la hausse des prix, les manifestants s'attaquent aux organismes et aux magasins d'État. Les émeutes gagnent les principales villes d'Algérie et sont vite récupérées par les responsables islamistes. Face à cette situation, le président Chadli accepte de recevoir trois dirigeants de l'islamisme algérien, dont l'un des plus écoutés par la jeunesse algérienne, l'imam Ali Benhadj.
[2] Une semaine après ce soulèvement, un bilan provisoire fait état de 500 morts en Algérie.

– même si ces derniers, unanimes, lui refusèrent cette caution »[1]. Les élections législatives de 1991 viendront marquer les divisions au sein du camp des « démocrates ». Rappelons que ces élections, emportées par le Front Islamique du Salut (FIS), sont annulées par le pouvoir qui interrompt le processus démocratique. À l'époque un « Haut Comité d'État » (HCE) soutenu par l'armée prend le pouvoir et contraint le président Chadli à démissionner en janvier 1992. L'état d'urgence est proclamé. Le HCE fait appel à Mohammed Boudiaf[2]. Celui-ci, réputé pour son intégrité, promeut des réformes. Il décrète d'abord l'interdiction du FIS et décide ensuite de réduire l'influence du FLN. Il est assassiné le 29 juin 1992. Avec lui, tout espoir de pacification de la situation disparaît. La société algérienne sombre dans la violence.

L'annulation des élections a conduit les « futurs » exilés à redéfinir les termes de leur engagement. À l'époque, les deux options, pour ou contre l'annulation, ne s'imposent pas de la sorte dans leur conscience. Elles suscitent des questionnements qui ne se résolvent pas dans des choix définitifs.

> *Jusque dans les années soixante-dix, ça allait, parce qu'il y avait encore le groupe. Quand on est dans une association, avec des gens qui pensent comme toi, tu te sens très fort. Ensuite, on est parti en fumée. Il y avait des scissions, ça n'allait plus. Pour le processus démocratique, on n'était pas tous d'accord. Par rapport au socialisme, au pays de l'Est... Ensuite, il y a eu un congrès, et puis il y a eu un nouveau parti qui s'est créé. Là, je me suis dit : « C'est le moment de me retirer. » Là, je ne pouvais plus. J'ai passé combien d'années de ma vie, et tout est partie en fumée [...] Mais j'ai dit « Non ». Je voulais une position indépendante. C'était une période difficile.* (Mme Zouina, née en 1952, professeure, installée à Montréal depuis 1997, enseignante à mi-temps.)

> *J'ai passé une période où j'étais très isolée et en même temps je n'avais pas envie de partir. J'étais isolée socialement, je ne me sentais plus à l'aise dans aucun lieu. Et je ne pouvais pas non plus aller ailleurs. On est quand même déterminé par son milieu, mais je n'étais pas à l'aise parmi ces gens qui avaient un discours dans lequel je ne me reconnaissais plus, mais d'un autre côté....* (Mme Fataï, née en

---

[1] KHELLADI Aïssa, VIROLLE Marie, « Les démocrates algériens ou l'indispensable clarification », *Les Temps Modernes*, n° 580, 1995, p. 179.
[2] Ancien chef historique du FLN exilé au Maroc.

1955, universitaire, installée à Paris depuis 1994, enseignant-chercheur.)

Quel que soit le positionnement de chacun, la décision d'arrêter le processus démocratique a renforcé, au sein de la plus large population, la conviction de leur collusion avec le pouvoir. Cela explique la relative indifférence qu'ont suscitée les premiers meurtres des intellectuels francophones. Addi Lahouari analyse cette attitude comme le résultat de la difficulté de ces intellectuels à se constituer comme un champ indépendant de l'État : « La volonté systématique des dirigeants de l'État indépendant de combattre toute velléité d'autonomie dans la société – pouvoir syndical, économique, universitaire, religieux, ou encore pouvoir de la presse – n'a laissé aucune chance à l'élite francophone d'être crédible aux yeux de la population. »[1]

Il y a des gens comme moi qui, tout en défendant la modernité, la défendent dans son essence. Donc, la défense de la liberté individuelle et collective, ce sont les Droits de l'homme. Ni les groupes islamistes, ni le pouvoir ne pouvaient supporter ça, donc on s'est exilé. (M. Bibène, né en 1945, médecin, installé à Paris depuis 1994, consultant.)

Les « intellectuels », en raison même de leur identification comme tels, ont été contraints de réévaluer leur positionnement dans la société algérienne, allant jusqu'à se questionner sur leur part de responsabilité dans la crise.

À travers les élections et les résultats des élections, les choses commençaient à prendre du sens et à devenir claires. J'arrivais à comprendre un certain nombre de choses. Donc, il y a un ensemble de choses qui se sont clarifiées, y compris concernant mon statut, et j'ai commencé à le formuler de manière claire comme un statut marginal. Donc, j'appartenais à un groupe très restreint, très marginal de la société, donc il ne fallait pas se raconter d'histoires, il ne fallait pas se prendre pour l'avant-garde, pour les messies, parce qu'on avait cette prétention d'être un peu des porte-parole. (Mme Fataï, née en 1955, universitaire, installée à Paris depuis 1994, enseignant-chercheur.)

---

[1]ADDI Lahouari, « Les intellectuels qu'on assassine », *op. cit.* Sur la censure de l'État algérien dans le champ culturel et intellectuel, le lecteur peut aussi se rapporter à l'ouvrage de BRAHIMI Brahim, *Le Pouvoir, la presse et les intellectuels en Algérie*, Paris, L'Harmattan, 1989.

Certains d'entre eux formulent de longues autocritiques tandis que d'autres accusent leur génération d'un narcissisme collectif qui les aurait aveuglés.

> *L'intégrisme, personne ne l'a vu monter, et moi pas plus que les autres. Il y avait des symptômes ; et comme nous étions tellement imbus de nous-mêmes et nous avions un tel mépris de la population. Nous n'avons pu en apprécier les symptômes.* (M. Formaï, né en 1947, cinéaste, installé en France depuis 1994, à la recherche d'un emploi.)

> *Je pense que nous sommes fautifs et qu'il y a une autocritique à faire. Les choses ne se sont pas faites par enchantement, ce n'est pas une génération spontanée. Dans les années soixante-dix, il nous arrivait de piquer des colères en disant que c'était une dictature, mais on vivait bien. Quand on était étudiant, on vivait peut-être trop bien et on a été anesthésié.* (M. Ben, né en 1945, médecin spécialiste, installé à Montréal depuis 1997, formation d'infirmier.)

Pour ces exilés, la signification du départ a le goût de l'amertume. Ce sont les termes de la « démission » et de l'« échec » qui viennent qualifier leur expérience.

Les difficultés au quotidien

Les exilés nous ont longuement relaté les bouleversements intervenus dans leur vie au cours des mois précédant le départ. Les femmes vivant seules – célibataires, divorcées ou veuves – nous ont décrit l'hostilité à leur égard qui s'est brutalement accentuée dans les années quatre-vingt-dix. Qu'elles soient cadres, fonctionnaires ou salariées, ces femmes avaient réussi, non sans avoir à affronter de nombreuses batailles, à élargir les frontières qui limitaient leur indépendance. Être une femme et vivre seule (ce qui signifie sans homme dans la famille), c'était s'exposer au jugement de la société et parfois même à celui de sa famille. C'est ce qui ressort par exemple des propos de Mme Bachaï qui se souvient les nombreuses stratégies qu'elle devait déployer pour préserver sa réputation.

> *En 1980, j'ai eu un logement et c'était assez difficile. On s'en rend compte dans plein de petits trucs du quotidien. C'est tout bête, par exemple, un plombier. On ne peut pas ramener un plombier chez soi quand on est seule. C'est une suspicion, un environnement hostile, on finit toujours par vous faire sentir que ce n'est pas votre place.* (Mme

Bachaï, née en 1952, cadre, installée à Paris depuis 1994, à la recherche d'un emploi.)

Pour les femmes, comme pour les hommes, le début des violences les a contraints à modifier leur vie quotidienne. L'espace public, puis l'espace social se sont réduits progressivement jusqu'à les contraindre au repliement sur la sphère familiale. Les propos qui suivent décrivent un tel confinement.

> *En dehors des problèmes sécuritaires, il y avait une espèce de mort lente, on était en train de mourir en Algérie. C'est une autre mort, pas la mort violente mais la mort de l'esprit. Il y avait une espèce de sclérose, une mort culturelle, tout ça me heurtait autant que l'autre violence, la violence physique. C'était un désert, le désert des Tartares, où on guette tout le temps quelque chose qui n'arrive jamais et on finit près de la folie.* (M. Ben, né en 1945, médecin spécialiste, installé à Montréal depuis 1997, formation d'infirmier.)

Des exilés se sentaient menacés en raison de leur profession qui les liait directement au pouvoir. C'est le cas, par exemple, de Mme Hind qui évoquait les « *jours terribles* » passés à craindre l'assassinat de son conjoint, maire d'une petite ville.

> *Je n'ai jamais parlé aux enfants de la profession de leur père. Il était directement visé en faisant partie du pouvoir. C'étaient des jours terribles... Une fois, au téléphone, on m'a dit : "Ton mari a deux balles dans la tête", des trucs vraiment... Tu vis déjà ça, en tant qu'adulte et tu te dis : "Comment vont vivre les enfants ?" Moi, je veux que mes enfants vivent avec leur père et leur mère.* (Mme Hind, née en 1944, médecin, exilée à Montréal depuis 1994, à la recherche d'un emploi.)

L'expérience des journalistes est significative de ces professions visées par le terrorisme. À la suite de l'annulation des élections, ils se sont trouvés « au cœur de la tourmente » selon l'expression de Abed Charef[1]. Sommés de se déterminer par rapport à la question de l'annulation des élections, et quel que soit leur choix politique, ils craignaient des représailles. M. Issam, proche des « éradicateurs », se souvient de la tension des derniers jours passés en Algérie.

> *La menace était terrible. Tu sais, mes parents habitaient à 200 mètres de chez moi ; donc, quand je sors de la maison, je suis encadré, il y a*

---

[1] CHAREF Abed, *Algérie, le grand dérapage*, Paris, Éditions de l'Aube, 1994, p. 473.

> *un frère devant moi et l'autre derrière, c'est comme si j'étais une personnalité. Mais ma mère tremblait, donc je me disais que j'étais en train de leur faire des problèmes.* (M. Issam, né en 1960, journaliste, installé à Paris depuis 1995, à la recherche d'un emploi.)

M. Abdel journaliste, proche des « conciliateurs », se souvient aussi des jours passés à vivre sous la menace.

> *On était sûr d'une chose, c'est que le FIS n'allait pas nous assassiner car on s'élevait contre la manière dont les gens du FIS ont été exterminés et déjà on parlait des Droits de l'homme. On avait des échos de militants du FIS comme quoi on ne risquait rien de leur part, donc, s'il nous arrivait un malheur, c'étaient les autres. Mais moi, je commençais à sentir la pression, des visites chez moi, des coups de fil, j'avais compris que je n'allais pas tarder à être la cible d'un attentat. J'ai commencé à bouger beaucoup, à changer de domicile, à ne pas dire où j'étais. Et puis, j'ai eu des menaces directes donc je suis allé en Allemagne 4 mois, j'y avais des amis. J'y suis allé pour me faire oublier mais ma famille était à Alger. Je suis retourné à Alger, mais ce n'était plus possible, c'était trop dangereux. On a dû partir* (M. Abdel, né en 1951, journaliste, premier exil à Paris en 1994, installation à Montréal en 1996, à la recherche d'un emploi.)

Le récit de M. Abdel corrobore les doutes émis par des analystes sur les acteurs véritables des attentats. Dans son ouvrage *La Nouvelle Guerre d'Algérie* Djallal Malti note ainsi : « Si la majorité des assassinats des journalistes sont vraisemblablement l'œuvre de groupes islamistes armés, des questions sur les commanditaires réels de certains attentats se posent néanmoins. En premier lieu, aucune enquête indépendante n'a pu établir les responsabilités directes dans ces assassinats. Ensuite, les services de sécurités n'ont jamais remis vivants à la justice les assassins des journalistes [...] Enfin, des journalistes ont mis en cause le pouvoir dans certains meurtres de journalistes. »[1] De tristes scénarios se jouent presque à l'identique, dans lesquels se mêlent intimidation, angoisse et incompréhension. Mme Chumch nous a raconté la difficulté à mettre un visage sur ceux qui la « terrorisaient ».

> *Une fois aussi j'ai été poursuivie par une voiture, ma sœur était avec moi, c'était terrible, c'était de l'intimidation ! Je me suis arrêtée à une*

---

[1] MALTI Djallal, *La Nouvelle Guerre d'Algérie. Dix clés pour comprendre*, Paris, La Découverte, 1999, p. 40.

station d'essence, il s'est arrêté, il a ouvert sa portière et il m'a regardé d'un regard... Sa portière me gênait, je ne pouvais pas passer, il l'avait fait exprès. J'étais terrorisée, ma sœur plus que moi. Ce n'était plus vivable. Deux soirs de suite on a sonné chez moi. Après le deuxième coup de sonnette, je ne suis plus rentrée chez moi. En plus, tu as des avertissements de chaque côté [...] Et puis, au travail, un ami me dit : « Tu sais la Sécurité militaire est venue faire une enquête ». Tu te dis : « Alors c'est quoi ? C'est le pouvoir ? » Tu n'es pas rassurée. On sait très bien que les islamistes tuaient, on sait très bien que le pouvoir, il n'est pas mieux, donc tu n'as plus confiance en rien, et plus de recours possibles, tu te dis j'aimerais bien savoir qui. (Mme Chumch, née en 1953, cadre supérieur dans un ministère, installée à Montréal depuis 1994, doctorante à l'université.)

Les entretiens sont pleins de ces récits d'angoisse : sonnette qui retentit dans la nuit, appels téléphoniques anonymes, lettres de menaces, changements d'itinéraires quotidiens pour se rendre au travail, etc.

C'est la dernière année qui a été la plus dure, la plus meurtrière. Il y a eu aussi 1994, l'année de notre départ, qui a été la pire. Mais 93 a été aussi une année très dure. Il y a eu beaucoup d'assassinats. À partir du moment où mes filles partaient à l'école, j'étais... Déjà, quand le matin mon mari ouvrait la voiture et rentrait dedans. J'attendais... On dirait que j'étais là, comme accroupie, ma respiration coupée et j'attendais d'entendre les balles. Des fois, j'étais tellement angoissée que je me disais "Pourvu qu'ils tirent tout de suite, que je les entende, que je sache, que bon..." Tu sais, tu en arrives vraiment à... On a vraiment vécu une vie... Terrible ... Je ne peux pas te décrire... C'était... On a encore des séquelles, tu sais. Ce sont des choses qui ne partent pas facilement. Rien que d'en reparler, regarde, je tremble... J'ai des douleurs partout, je te jure, je me sens comme... (Mme Rabi, née en 1954, professeure, installée à Montréal depuis 1994, aide comptable.)

Repoussant l'idée du départ, certains d'entre eux se sont cachés à l'intérieur même du pays le temps, espéraient-il, que la situation se pacifie. Mais ces exils « intérieurs » n'ont pas pu les protéger de l'exil ultime et lorsque, finalement, le départ est décidé, il constitue une épreuve radicale. Elle marque le passage brutal d'un monde à l'autre comme l'évoque l'image du « frigo encore plein » dont ils ont souvent usé.

Ces exilés ont le sentiment d'avoir laissé derrière eux les choses en suspens. Ce temps qui leur manque et qui, à leurs yeux, leur a été confisqué, accentue douloureusement la sensation d'inachèvement. Si certains d'entre eux disposaient d'une latitude plus large dans la décision du départ, il n'en reste pas moins qu'ils ont vécu l'exil comme la rupture d'une trajectoire linéaire les acculant à « recommencer » leur vie. Qu'ils aient choisi de s'installer en France ou au Canada, c'est le sentiment de la contrainte qui marque le départ : « *On est parti de chez nous comme des voleurs, on nous a donné un coup de pied au derrière. On nous a volé le pays, les gueux sont venus et nous ont mis dehors, ce sont des sous-fifres qui travaillent pour des personnes qui ont des commerces, des hôtels et des palaces.* » (M. Ben, né en 1945, médecin spécialiste, installé à Montréal depuis 1997, formation d'infirmier.)

Eux qui se sentaient acteurs de l'Histoire nourrissent désormais le sentiment d'être devenus des êtres assujettis à leur propre histoire.

CHAPITRE 2
TRAJECTOIRES PROFESSIONNELLES

> *« Pour moi, en France je ne vis pas, je suis vraiment en état de survie, parce que je suis obligé de faire des métiers minables pour gagner ma vie [...] Ici, tu as beau t'appeler 'X grand journaliste', tu es zéro. Moi, je fais de la sécurité et je viens de sortir d'une fracture car on m'a agressé dans mon lieu de travail. Je me suis fait casser la gueule par des voleurs... Je fais des trucs que je n'ai pas envie de faire. Mais qui va me donner l'opportunité de faire du journalisme ici ? »* (M. Met, né en 1955 rédacteur adjoint d'un journal, exilé à Paris depuis 1991.)

> *« J'ai vécu une terrible dépression, ça a duré quatre ans. C'était terrible, j'ai même frôlé la folie. Je croyais que j'allais avoir une crise cardiaque, que j'allais devenir fou. Je vais te le dire à toi, on a failli divorcer avec ma femme. J'étais au plus bas, ce n'est pas comme si je n'avais jamais travaillé, je ne suis pas paresseux, mais ici j'ai sombré. J'étais seul et elle ne m'a pas aidé. Au niveau du travail, j'ai été diminué. Avant, j'avais mon travail, j'étais sûr de moi, de ma valeur ! Ici tout s'écroule. »* (M. Ali, né en 1953, réalisateur, installé à Montréal depuis 1994, à la recherche d'un emploi.)

Les exilés dont l'expérience est proche de l'*exil subi* connaissent des difficultés à intégrer le marché de l'emploi. En France, ils connaissent des trajectoires professionnelles « chaotiques ». Leur statut juridique ne leur permettant pas d'affronter le marché de l'emploi à armes égales avec les installés, leur insertion professionnelle se trouve largement dépendante de leurs propres réseaux. Au Québec, l'insertion professionnelle est « précaire » car elle est marquée par une forte déqualification.

Les obstacles à l'intégration professionnelle

L'insertion sur le marché de l'emploi local dépend en partie des professions exercées. L'informatique, par exemple, a longtemps constitué un champ professionnel prisé au Canada et en France. En revanche, les professions dont les compétences dépendent davantage d'un capital culturel que d'un capital technique sont plus difficilement exportables. C'est plus particulièrement le cas des professions qui connaissent un faible degré de professionnalisation, comme les métiers des champs intellectuels et artistiques, rarement consacrés par des diplômes. De fait, elles rendent problématique la formulation même d'une identité professionnelle – l'exemple le plus typique étant sans doute celui des écrivains[1]. Pour ces métiers, la difficulté à se situer sur un marché de l'emploi étranger est grande. Elle est étroitement dépendante de la réputation qui, pour ces champs professionnels, atteste d'une compétence reconnue. Citons, par exemple, l'expérience de deux comédiennes rencontrées lors de notre enquête parisienne. Seule celle qui, déjà en Algérie, jouissait de la reconnaissance du public est parvenue à travailler dans le milieu cinématographique français. Quelques années avant l'exil, elle avait obtenu un rôle dans un film qui connut un certain succès en France et qui fut couronné d'un prix. La médiatisation du film lui permit de rencontrer des gens œuvrant dans son milieu professionnel. La renommée de la seconde était moins grande. En France, elle n'avait aucun réseau et ne tenta même pas d'intégrer le monde cinématographique. Lorsque nous l'avons rencontrée, elle était caissière dans une grande surface.

Pour que le talent – sorte de pendant de la compétence pour les professions plus classiques – devienne une ressource négociable, la reconnaissance sociale ancrée dans une communauté de jugements qui excède les frontières algériennes est nécessaire[2]. Comédiens et journalistes font une expérience assez proche. Si la profession de journaliste répond à un degré de professionnalisation plus fort que celle de comédien, les réseaux professionnels n'en sont pas moins importants. La raison principale tient à la condition même des

---

[1] Voir, à ce propos, l'ouvrage de HEINICH Nathalie, « Façons d'être écrivain. L'identité professionnelle en régime de singularité », *Revue française de sociologie*, volume XXXVI, n° 3, 1995, pp. 499-524.
[2] Cf. PARADEISE Catherine, *Les Comédiens. Professions et marché du travail*, Paris, PUF, 1998.

journalistes qui connaît, depuis quelques années, une forte précarisation. Multiplication des piges et des contrats à durée déterminée constitue leur quotidien. Pour les étrangers, les difficultés sont démultipliées.

À côté des fluctuations du marché de l'emploi qui déterminent en partie les trajectoires professionnelles, il existe également des « discriminations légales »[1] qui interdisent aux étrangers d'exercer certaines professions. Ainsi en est-il du corps des titulaires de la fonction publique en France – à l'exception de la recherche et de l'enseignement supérieur – dont l'accès est interdit aux étrangers[2]. Ces interdictions touchent également des professions du secteur public et nationalisé, même si la plupart d'entre elles ne comportent aucune prérogative de puissance publique ou de souveraineté étatique. À ces discriminations légales, s'ajoutent les barrières érigées par les corporations professionnelles qui n'autorisent l'exercice de certaines professions que sous certaines conditions.

Des parcours chaotiques

Nous avons déjà évoqué l'absence caractéristique de politique d'immigration en France, si bien que cette absence a pu être interprétée comme la seule véritable politique d'immigration française. Comme le souligne Dominique Schnapper, la non-intervention, volontaire ou involontaire, est, elle aussi, une politique[3]. Des dispositifs d'intégration ont pourtant été mis en place. Ils concernent ceux que l'on désigne par la catégorie de « primo arrivant » et les personnes venues dans le cadre du regroupement familial. Depuis 1991, des plans départementaux pour l'accueil ont été mis en place, puis généralisés à l'ensemble des départements en 1998[4]. Ces plans prévoient des mesures d'apprentissage de la langue française, la conduite de bilans et d'orientations socioprofessionnelles. Ce souci d'intégration ne concerne que les étrangers installés régulièrement en

---

[1]L'expression est empruntée à DE RUDDER Véronique, POIRET Christian, VOURC'H François, *L'Inégalité raciste. L'universalité républicaine à l'épreuve*, Paris, PUF, 2000, p. 133.
[2]Depuis 1991, les ressortissants communautaires ont le droit d'exercer à l'exception des corps de police, de l'armée, de la magistrature et des administrations centrales, *ibid*.
[3]SCHNAPPER Dominique, *L'Europe des immigrés*, *op. cit.*
[4]Circulaire du 13 décembre 1991.

France et les statuts juridiques des exilés ne leur permettent pas d'en bénéficier.

La plupart d'entre eux accèdent au territoire français par le biais de visas temporaires qui ne leur donnent pas systématiquement droit au travail - ou alors sous des conditions limitées. L'incertitude juridique à laquelle ils sont soumis ne leur offre pas les éléments propices à une installation à long terme[1]. Pour intégrer le marché de l'emploi, ils sont dépendants de leurs ressources personnelles. Parmi les exilés algériens, ces réseaux sont nombreux, mais ils s'avèrent insuffisants pour permettre la construction d'une vie nouvelle. Les ressources qu'ils assurent sont inégales et favorisent des trajectoires professionnelles chaotiques, en ce sens qu'elles alternent entre, d'un côté, travail rémunérateur et valorisant et, de l'autre, travail relevant du dépannage. Le parcours de M. Maki illustre de manière exemplaire ce type de parcours.

> *J'ai travaillé pour la télé, j'ai été réceptionniste, puis manutentionnaire et plein d'autres choses encore. Réceptionniste, j'ai trouvé ça par un ami à ma femme. En même temps, je travaillais sur une émission à la télévision sur l'Algérie, j'ai fait co-auteur. Comme c'était une émission pour l'Algérie, tout le milieu qui travaillait dans la radio et le cinéma était au courant, c'est comme ça qu'on a été contacté. Je me souviens de la première réunion pour l'émission. Il y avait un monde fou, tout ce qui était dans le milieu était là et tout le monde s'engueulait. Ensuite, j'ai été manutentionnaire à l'EDF, par l'intermédiaire d'un ami, un ami de la communauté intellectuelle plus ou moins gauchiste algérien. On s'était rencontré au cours d'événements, de soirées artistiques. C'est une personne qui est installée depuis longtemps et elle soutient les Algériens et connaît des Français qui aident les Algériens. Manutentionnaire, c'était en 96 ou 97. C'était un job très fatigant. Quand je sortais à cinq heures, j'avais envie de ne rien faire, même pas la force de me laver. Après j'ai fait des boulots au noir, coller des affiches... Tu les veux dans l'ordre ? (Rires) Ensuite, j'ai fait un boulot intéressant, je l'ai eu par une amie algérienne, son copain est réalisateur et il connaît des gens qui travaillent pour TF1. Il m'a branché pour écrire un scénario, il m'a aidé. C'était mon meilleur job, le mieux payé, jusqu'à présent on me paye les droits d'auteur. Chaque fois qu'il passe à la télé, on m'envoie de l'argent. Mais ça n'a pas duré,*

---

[1] HACHIMI ALAOUI Myriam, « Les effets discriminatoires de l'incertitude juridique », Raison présente, « Discriminations », n° 152, 2006, pp. 61-72.

il y a tellement de gens dessus. Il y a aussi un ami qui nous a fait travailler, on a retapé une bijouterie, deux ou trois jours. J'ai collé des affiches pour une salle de spectacles, j'ai fait des travaux d'entretien, j'ai balayé, nettoyé les miroirs. Au noir, tout ça. Et là, je suis en train de faire du télémarketing, des enquêtes par téléphone depuis deux mois.
(M. Maki, né en 1952, journaliste poète, installé à Paris depuis 1991, cumule les emplois précaires.)

La trajectoire professionnelle de M. Maki montre l'importance cruciale des réseaux (amicaux, familiaux, professionnels, etc.) pour les individus soumis à l'incertitude juridique. Cette dépendance peut-être vécue comme une véritable violence. Nombre d'entre eux y perçoivent la marque de leur précarité. Empruntant au mécanisme de la solidarité, la logique du réseau risque toujours d'induire une compassion qui vient gêner le sentiment de sa propre valeur. Des auteurs l'ont observé dans certaines situations sociales, notamment Serge Paugam dans son enquête sur les rapports entre les individus en difficulté d'insertion sociale et économique et les interventions dont ils font l'objet[1]. L'auteur évoque l'assistanat dans les termes d'une « épreuve humiliante » qui peut introduire un changement profond dans l'itinéraire moral d'un individu : « L'octroi de l'assistance peut, dans certains cas, être vécu comme une cérémonie de dégradation statutaire dans la mesure où le récipiendaire est à cette occasion désigné publiquement comme un individu appartenant à une catégorie à un statut peu honorable. »[2] Aussi, les logiques de l'assistance, qu'elles soient de l'ordre de l'hospitalité ou de la solidarité, mettent au jour une relation inégale entre les donataires et les bénéficiaires. Ces derniers sont inscrits dans une relation asymétrique dont ils ne maîtrisent pas les règles puisqu'elles ne sont pas formulées. « Générosité et égalité ne font pas bon ménage »[3] souligne Anne Gotman dont les analyses sur le *sens de l'hospitalité* peuvent être rapportés, en quelques points, à la solidarité, notamment lorsqu'elle distingue l'hospitalité du contrat : « C'est la règle de l'asymétrie qui distingue l'hospitalité du contrat et permet d'éviter l'installation ; qui fait que l'hospitalité est une libéralité. C'est le fait de ne pas discuter clairement et ensemble des règles, mais de les imposer implicitement (et d'en garder la maîtrise) qui empêche l'hôte de s'installer dans la

---

[1] PAUGAM Serge, *La Disqualification sociale*, Paris, PUF, 1991.
[2] *Ibid.*, pp. 25-26.
[3] GOTMAN Anne, *Le Sens de l'hospitalité*, Paris, Gallimard, 2001, p. 104.

durée, et le maintient dans un statut précaire. [...] Contrairement au contrat, un système indéterminé laisse l'hôte dans une dépendance plus grande. »[1] Cette dépendance peut être vécue comme un déshonneur ou une atteinte à la dignité. C'est ainsi que M. Hamoula, journaliste, évoque avec force son désir d'être reconnu dans ses compétences.

> *Moi, je n'aime pas le mot solidarité. J'ai fait cette erreur. Au début, j'attendais que les gens m'appellent parce qu'ils étaient solidaires de l'Algérie, mais j'avais tort. Je pense que j'ai un métier et que je sais le faire et, si j'ai une place, j'ai une place, je n'ai pas une place par solidarité, tu vois.* (M. Hamoula, né en 1954, journaliste, installé en France depuis 1994, à la recherche d'un emploi.)

D'aucuns nourrissent également quelque amertume sur les modalités même de la solidarité qui, dans logique du don, oblige à une certaine réciprocité. Ils rêvent de solidarités purement altruistes qui n'induiraient pas d'actions en retour. M. Zem, par exemple, déplore le prix à payer de la solidarité dont il a bénéficié, regrettant qu'elle soit dépendante de l'agenda médiatique.

> *J'ai pu travailler à Jeune Afrique. On m'a proposé de faire un papier et j'allais en faire un deuxième, mais c'était un papier sale. Et moi, avec ma fierté, j'ai dit que je n'étais pas là pour me faire manipuler, ils voulaient m'utiliser et j'ai arrêté. Et j'ai commencé la série de petits boulots, papiers peints, cafetier. [...] Mais qui va te donner l'opportunité de faire du journalisme ? La presse française est complètement fermée. Il y a très peu de solidarité. Nous, la population d'exilés, on se fond dans la population française qui souffre d'un manque d'emploi. Les boulots, on les trouve dans les cafés, celui qui sait que tu ne travailles pas un jour, il te propose une place. Mais par contre, les gens de la presse française n'ont pas été du tout solidaires avec nous. Ils sont solidaires quand ça les arrange. Ils nous utilisent quand on parle de l'Algérie pour les informer plus que pour travailler. Ou alors, quand ils intègrent quelqu'un c'est parce que, au niveau éditorial, ils ont flairé un bon coup. On est intégré parce qu'on rapporte des choses aux gens mais, en fait, on ne va jamais très loin parce qu'on n'est pas recruté définitivement. Ils font de nous des pigistes permanents, et une fois qu'on a disparu de la surface de l'actualité, on nous jette !*

---

[1] *Ibid.*

(M. Zem, né en 1952, rédacteur adjoint d'un journal, installé à Paris depuis 1991, vigile.)

Ces exilés ne réussissent pas à intégrer le monde professionnel de manière durable et se sentent prisonniers d'une logique infernale, déchirés qu'ils sont entre leur volonté de réintégrer leur domaine de compétence et les petits boulots qu'ils sont contraints d'exercer. Leur trajectoire « chaotique » ne leur permet pas de se projeter dans l'avenir et accroît leur sentiment d'insécurité.

Des parcours précaires

Au Canada, les exilés proches de l'expérience de l'*exil subi* connaissent une insertion professionnelle précaire. Le terme précaire est utilisé ici dans le sens que Serge Paugam lui attribue dans son ouvrage *Le Salarié de la précarité*[1]. L'auteur distingue deux dimensions de la précarité : la « précarité du travail », qui renvoie à la logique productive de la société industrielle, et la « précarité de l'emploi » afférente, quant à elle, à la logique protectrice de l'État-providence.[2] La « précarité du travail » définit l'expérience des salariés qui nourrissent un rapport à l'emploi insatisfaisant. Ces salariés éprouvent le sentiment d'être plus ou moins inutiles et nourrissent la conviction que leur contribution à l'activité productrice n'est pas valorisée. La « précarité de l'emploi » désigne l'expérience des individus dont l'emploi ne répond pas à la norme de la stabilité. Ce sont ces deux caractéristiques qui spécifient ici l'« intégration professionnelle précaire ».

L'opportunité de se voir accorder un statut juridique assuré au Québec permet aux exilés d'affronter le marché de l'emploi à la manière des *installés*. Toutefois, pour accéder au monde professionnel, ils sont invités à emprunter des cheminements bien spécifiques, censés les aider. Pays fondé sur l'immigration, le Canada possède un ensemble d'organismes destinés à l'intégration des immigrants. La politique du ministère de l'Immigration s'appuie sur le postulat selon lequel la socialisation des populations immigrantes sera d'autant mieux réussie qu'elle s'effectuera dans le milieu de vie quotidien. Le ministère des Relations avec les citoyens et de l'immigration (MRCI),

---

[1] PAUGAM Serge, *Le Salarié de la précarité. Les nouvelles formes de l'intégration professionnelle*, Paris, PUF, 2002.
[2] *Ibid.*, p. 17.

devenu depuis 2004 le ministère de l'Immigration et des communautés culturelles (MICC) gère des programmes d'aide financière pour l'accueil et l'aide à l'établissement des nouveaux arrivants. À l'époque de l'enquête, ces programmes étaient au nombre de trois. Le premier, le Programme d'Accueil et d'Établissement des Immigrants (PAEI) comporte quatre types d'intervention : des services « de première ligne » (accueil, accompagnement, référence, interprétation et traduction), des services de recherche de logement, des projets ou des activités contribuant à améliorer les services d'accueil et d'établissement et des projets de jumelage et de rapprochement avec la société d'accueil. Le deuxième est destiné aux réfugiés ; il s'agit du Programme d'Accueil et d'Installation des Réfugiés (PAIR) qui vise à accueillir et à faciliter l'établissement, au cours de leur première année au pays, de réfugiés sélectionnés à l'étranger[1]. Enfin, le Programme de Soutien à l'Insertion en Emploi (PSIE) permet à des organismes communautaires d'offrir « des services d'insertion en emploi adaptés aux besoins des nouveaux arrivants », tels les services d'aide à la connaissance et au fonctionnement du marché du travail, des services de référence aux ressources existantes pour faciliter le placement des nouveaux arrivants, ainsi que des ateliers de formation et de préparation à la recherche d'emploi[2].

À Montréal, à l'époque de l'enquête, on trouvait plus d'une centaine d'associations subventionnées par le ministère[3]. Le passage par ces organismes n'est pas obligé, néanmoins, dès leurs premières démarches, les exilés sont orientés vers ces associations. À l'aéroport, déjà, les nouveaux immigrants sont accueillis par des agents d'immigration qui leur fournissent l'adresse d'organismes chargés de les guider dans leurs démarches pour trouver un logement et du travail. Certains d'entre eux refusent de passer par ces organismes. Ils ont le sentiment prégnant que la démarche relève de l'aumône et craignent d'être confondus avec des nécessiteux. Les hommes sont plus réticents que les femmes. Habitués à une indépendance

---

[1] Plus particulièrement, l'aide accordée permet d'assurer les besoins en transport, en hébergement (au point d'entrée et à destination finale), en habillement, en mobilier et en autres biens de première nécessité.
[2] Cf. les travaux de Denise Helly (voir bibliographie).
[3] Ministère des Relations avec les citoyens et de l'Immigration *Rapport annuel 2000-2001*, Les Publications du Québec, 2002.

matérielle, le passage par ces organismes contribuerait à ce qu'ils reconnaissent la situation de précarité dans laquelle ils se trouvent.

> *Moi, j'ai toujours refusé de passer par des clubs de l'emploi, ma femme l'a fait. Pour moi, c'était une perte de temps, je me disais qu'on n'allait pas m'apprendre à faire un CV, je savais. Moi, je considère qu'il n'y a pas d'entretien standard. Il y a l'apparence, la façon de parler.* (M. Sema, né en 1954, journaliste, installé à Montréal depuis 1997, gestionnaire de stocks.)

> *Moi, je vais dans les organismes, tu vois, dans des collectifs de femmes, et je parle aux gens, etc. D'où ma décision de faire un diplôme, tu vois. Mais lui... Je ne sais pas... Peut-être que c'est plus difficile pour les hommes d'aller vers d'autres et de dire : « J'ai besoin. » Pour le collectif femmes, par exemple, je lui ai conseillé d'y aller parce que, contrairement à ce que l'on peut penser, il y a un tas d'hommes.* (Rires) *Mais non, ce n'est pas du tout le genre d'endroit où il irait. Non, il fait ça plutôt par internet, par les journaux, etc. Il envoie ses CV à droite et à gauche.* (Mme Takil, née en 1961, cadre supérieure, installée à Montréal depuis 1998, projette de s'inscrire à l'université.)

Leur expérience montre les limites de l'efficacité des services destinés aux immigrants. Plutôt qu'une porte d'intégration à la société, d'aucuns les perçoivent comme une filière d'emploi immigrante détachée de l'emploi local. Des exilés ont été sollicités pour s'investir à titre de bénévoles dans ces structures tandis que d'autres se sont vus proposer des emplois. Mais il s'agit souvent d'emplois précaires, les contrats sont courts et les salaires peu élevés. Après avoir été « bénéficiaires » de ces services, les exilés se trouvent à leur tour inclus en leur sein comme « employés », mais toujours temporairement. À l'issue de leur contrat, ils redeviennent des bénéficiaires. La frontière entre l'un et l'autre statut est ténue.

> *Il est clair que s'il y avait une volonté d'intégration réelle des immigrants, il y aurait eu un effort plus grand qui serait fait et ce n'est pas le cas. Tous les centres, comme les centres communautaires ou les centres d'aide aux immigrants, ne servent qu'à laisser penser aux immigrants qu'on leur donne une chance, je ne sais pas comment t'exprimer ça...* [...] *En plus de cela, il y a des centres d'aide pour immigrants qui font des programmes d'aide à la recherche d'emploi et qui ne s'adressent qu'aux immigrants. En fait, ils font ce qu'ils peuvent faire car, en réalité, ils ne peuvent pas grand-chose. Au niveau*

des emplois, ils ne peuvent trouver que des jobs de journaliers, de la confection ou des choses de ce genre. Il ne faut pas se leurrer, dans les autres domaines comme des postes administratifs, il n'y a rien pour nous... Ou alors, on te trouve un contrat au sein même des organismes, c'est ce que j'ai fait un temps, j'ai eu un contrat de quelques mois où je dirigeais les immigrants, ça n'a duré qu'un temps. Quand il s'agit de secteurs tenus par des immigrants, il y a plus de chance pour qu'ils prennent des immigrants mais quand il s'agit de postes qui sont dans des secteurs qui sont tenus par des Québécois, il y a peu de chance pour que les immigrants soient pris. (Mme Chumch, née en 1953, cadre supérieur dans un ministère, installée à Montréal depuis 1994, doctorante à l'université.)

L'idéologie pluraliste et les mesures inspirées par le multiculturalisme ne sont pas toujours perçues par les intéressés eux-mêmes comme des moyens d'inclusion. D'aucuns vont jusqu'à les considérer comme des actions qui renforcent la distinction entre les « immigrants » et les « Québécois ».

Quand je suis arrivée, j'ai commencé à fréquenter plein de petits organismes destinés aux immigrants et ça a été une grande déception. Tu voyais plein de Latinos à qui on donnait des cours de français, on te donnait ceci, on te donnait cela. On te dit : "On respecte leur identité", mais en fin de compte, on est en vase clos. Il y a un quartier italien, chilien et ceci et cela, mais quelle est la configuration de Montréal ? Quel découpage ? Alors, imagine comment c'est vécu dans ton esprit. Voilà les limites qui te sont attribuées. En tant qu'étranger, retrouve-toi dans une de ces communautés, si tu ne trouves pas, fais des échanges multiethniques. (Mme Hind, née en 1944, médecin, exilée à Montréal depuis 1994, à la recherche d'un emploi.)

Parfois, c'est le fonctionnement même de ces organismes qui est mis en question. Des exilés les perçoivent comme un marché en soi qui se nourrit d'immigrants en même temps que les immigrants le nourrissent. L'existence de ces services est effectivement largement dépendante des financements du ministère. Pour obtenir leur renouvellement et continuer d'exister, ils doivent justifier d'un nombre conséquent d'immigrants passés par leurs locaux. C'est ainsi que dans le jargon associatif on parle d'une « clientèle ethnique ».

Je suis passé par des clubs de l'emploi mais ça n'a rien donné car j'étais surqualifié. C'est une grosse arnaque, parce que l'immigration c'est une source de revenus pour le Québec. C'est incroyable le nombre de personnes qui vivent sur le dos de l'immigration. C'est bien simple, si demain ils arrêtent l'immigration, il y aura des milliers de postes au chômage, des centaines d'avocats. Moi, on m'a accepté comme réfugié, je téléphone à un organisme communautaire, il se fait un plaisir de m'accueillir et me dit : « Venez tout de suite, on vous prend en charge. » Et surtout, on vous fait remplir un questionnaire. Quand moi, je m'inscris, je compte pour un client, et pour chaque client, ils ont des subventions. Ce sont des organismes qui vivent grâce à nous. Moi, ce que j'ai appris dans les clubs d'emploi, c'est rédiger un CV, chose que je ne savais pas faire, j'ai surtout connu des gens. J'ai aussi appris à connaître un peu le système de leur enseignement, c'est tout. Ça ne m'a rien amené de plus. (M. Kader, né en 1947, médecin, installé à Montréal depuis 1997, caissier.)

Ces filières d'entrée dans le monde du travail ne parviennent pas à les protéger des barrières institutionnelles qui les conduisent à une déqualification systématique. Cette déqualification s'explique par trois facteurs principaux : la sous-évaluation des diplômes acquis à l'étranger, l'exigence d'une expérience de travail canadienne et les barrières érigées par les corporations professionnelles. Une étude conduite sous l'égide du Conseil des communautés culturelles et de l'immigration fait état des critiques sur la difficulté des individus diplômés à l'étranger d'accéder aux ordres professionnels. Cette étude révèle trois principaux obstacles[1]. Le premier est relatif au manque de concertation entre les ordres professionnels et les institutions d'enseignement. Pour être reconnus par l'ordre professionnel, les cours dispensés par ces institutions doivent respecter un minimum d'unités d'enseignement. Or, il arrive que l'institution d'enseignement refuse d'accepter un étudiant qui ne s'inscrit pas au programme complet. Le deuxième obstacle tient à la difficulté d'accéder aux formations exigées pour intégrer l'ordre professionnel. Les disponibilités des formations nécessaires pour obtenir des équivalences sont réduites. Enfin, le troisième est lié aux exigences supplémentaires décidées par les ordres[2]. L'étude fait

---

[1] DUMONT Johanne, SANTOS Paula, *Contraintes et facteurs favorables à l'intégration des personnes immigrantes au marché du travail*, Publication du Québec, Collection Eudes et recherche, n° 14, 1996.

[2] Cf. RENAUD Jean, GINGRAS Lucie, VACHON Sébastien, BLASER Christine, GODIN Jean-François, GAGNE Benoît, *Ils sont maintenant d'ici ! Les dix premières années au Québec des immigrants admis en 1989*, Les publications du Québec, 2001. Dans une étude longitudinale (10 ans) sur un échantillon de mille personnes venues

mention de la difficulté que rencontrent les diplômés à l'étranger pour obtenir les stages de perfectionnement requis par l'ordre professionnel.

S'engager dans une formation pour obtenir une équivalence est une entreprise difficile, car les efforts à fournir n'en garantissent pas le succès. De plus, s'immerger dans le monde scolaire, après des années de pratique, ne va pas de soi[1]. Devenus praticiens, les exilés ont transformé la théorie et les connaissances scientifiques acquises lors de leur formation initiale en une technique et un savoir-faire. L'expérience consolidée par des années de pratique a pris le dessus sur la connaissance livresque et théorique. Aussi, la compétition avec des étudiants, plus jeunes, immergés dans le monde estudiantin leur semble inégale.

> *C'est très difficile parce qu'on vous interroge sur toute la médecine. Imaginez, j'ai 53 ans, j'ai terminé mes études il y a trente ans et je pense que j'étais un bon médecin. Mais là, c'est comme si on demandait à un très bon conducteur de passer le code. Et même... Quand on passe les examens, je vous fais grâce des montagnes d'obstacles, il n'y a que huit places par an réservées aux étrangers.* (M. Mourad, né en 1949, médecin, installé à Montréal depuis 1996, à la recherche d'un emploi.)

Le coût et la longueur des études constituent aussi des obstacles de taille. Au Québec, l'investissement financier qu'implique la démarche est lourd La formation exige une disponibilité intellectuelle et du temps pour soi dont peu d'exilés disposent. Engagés dans leurs obligations familiales, il leur est difficile de se consacrer à la préparation des examens. Aussi, les incertitudes inhérentes à la compétition sont renforcées par l'âge qui accroît les enjeux d'une nouvelle mise à l'épreuve. Trop âgés pour être compétitifs dans un monde professionnel qui valorise la jeunesse, trop jeunes pour être des retraités, ils expérimentent le sentiment de leur finitude et font le deuil d'une carrière professionnelle. Renoncer à devenir un médecin

---

s'installer au Québec en 1989, les auteurs montrent que l'accès au marché du travail est très difficile pour les immigrants dont la profession est régie par un ordre professionnel.

[1] Face à ces adversités, des médecins diplômés hors Québec ont monté une association pour faire pression sur le Conseil des médecins afin qu'ils facilitent l'accès aux corporations.

en exil paraît un coût moins fort que l'échec qui viendrait ratifier une forme d'incompétence.

> *Ils ont établi des examens, mais il faut l'argent pour s'inscrire aux examens. Chacun d'entre eux fait 1000 dollars... Ensuite, il faut se préparer à l'examen. Moi, j'ai quitté le milieu hospitalier universitaire, il y a longtemps. Au niveau de l'examen provincial, c'est 2,5% de réussite, donc il faut se préparer et, pour se préparer, il faut avoir le temps c'est-à-dire que vous abandonnez votre famille pendant plus de six mois et vous vous isolez pour un examen que vous n'êtes même pas sûr de réussir. À Québec, quand j'avais vu les responsables du Conseil des médecins, il n'y avait plus d'examen, ça a été rétabli juste l'année passée. Et même, il faut se dégager 10 ou 12 heures par jour, ça veut dire que vous avez assez d'argent pour faire vivre votre famille, ça veut dire cet effort intellectuel pas évident à un certain âge, ça veut dire aussi que vous abandonnez vos enfants.* (M. Kader, né en 1947, médecin, installé à Montréal depuis 1997, caissier.)

La situation est particulièrement difficile pour les médecins. En 2003, malgré une pénurie de 1500 médecins, près de 200 docteurs de l'Association des médecins étrangers du Québec ne pouvaient toujours pas exercer leur profession. Dans le cadre de notre enquête, nous avons rencontré neuf médecins : un spécialiste en gynécologie, une spécialiste en radiologie, une spécialiste en psychiatrie et six médecins généralistes. Aucun d'entre eux n'a tenté d'effectuer les démarches pour accéder à la corporation des médecins. Même pour les plus motivés d'entre eux, l'exercice est périlleux en raison de la difficulté et de l'incohérence des procédures. Le gouvernement québécois a pourtant mis en place un système de critères de reconnaissance et d'équivalence de la formation d'origine, mais ce système fonctionne mal.

En Algérie, ces Algériens avaient intériorisé la norme de l'emploi stable. À l'issue de leurs études, ils avaient intégré le monde professionnel en s'engageant dans une carrière dont ils pouvaient prévoir le déroulement. En exil, ils souffrent de voir s'effondrer un plan de vie qui s'incarnait dans leur carrière professionnelle. C'est tout leur système d'attentes et de projections dans l'avenir lié à une trajectoire professionnelle qui est mis en question. Précarité, chômage, emplois déqualifiés sont autant de nouvelles expériences qui les conduisent à faire face à une condition sociale qu'ils n'acceptent pas.

CHAPITRE 3
L'HUMILIATION ET L'INDIFFÉRENCE

> *« Ce qui me tue ici, c'est que je ne me sens pas étranger ni étrange en France [...] Même si je parle français aussi bien que n'importe quel Français et que je suis parfois même mieux averti des choses historiques concernant la France que les Français, et bien, je reste étranger. Tout ça parce que j'ai une gueule [...] Mais Dieu sait qu'avec ce que je porte comme culture qui est la leur, que eux ils m'ont donnée, normalement je devrais trouver ma place ! Mais je ne la trouve pas, donc je suis étranger et je suis aussi étrange parce qu'avec la gueule que je me tape, les 45 ans, la calvitie, les grosses moustaches, je ne corresponds pas, aux canons qui existent ici. »* (M. Zem, né en 1952, rédacteur adjoint d'un journal, installé à Paris depuis 1991, vigile.)
>
> *« Ce n'est même pas... c'est plus que du racisme. Ils nous... Ils nous... Ils nous renient complètement ! Pour eux, on n'existe pas ! Pourtant, c'est un pays d'immigration ! Ça, ça a été un choc. On n'existe pas. On n'existe pas, tu n'as qu'à voir dans la rue. Tu les vois les ethnies, comme ils les appellent. Elles sont chacune les unes avec les autres. »* (Mme Rabi, née en 1954, professeure, installée à Montréal depuis 1994, aide comptable.)

Le sens de la relation aux *installés* prend des formes distinctes en France et au Québec. La colonisation française, la guerre et l'immigration séculaire des Algériens sont autant d'éléments qui viennent surdéterminer la relation des exilés à la France. Pour ceux dont l'expérience est proche de l'*exil subi*, la relation aux *installés* est « humiliante ». Les exilés ont le sentiment que les *installés* et les institutions locales portent sur eux un regard déqualifiant. La relation asymétrique qui a longtemps lié la France et l'Algérie émerge comme un prisme pour l'appréciation de leurs rapports aux autres. Au Québec, la relation aux *installés* s'exprime de manière différente, elle est vécue comme une « confrontation à l'indifférence ». Les exilés dressent dans leur discours l'image d'une société divisée renvoyant dos à dos, sans qu'ils ne se rencontrent jamais, les « immigrants » et les « Québécois ».

Une relation humiliante

En exil, les Algériens expérimentent un nouveau rapport à la France. Avant leur départ, la destination et les lieux leur étaient familiers. Mais ils sont soumis à une condition nouvelle qui les amène à découvrir un tout autre visage du pays. Dès lors, la relation aux *installés* est d'emblée teintée d'une suspicion, un « soupçon historique » né de la domination coloniale.

Le soupçon

La langue et la culture partagées par-delà la Méditerranée prennent une place importante dans les modalités du rapport aux *installés*. Les liens qu'elles impliquent sont constitutifs de l'identification des exilés. Cette proximité culturelle liée à l'histoire commune des deux pays et à leur insertion sociale spécifique justifie, selon eux, qu'ils y trouvent une place. Ils sont convaincus que la France conserve une dette à payer contractée dans la colonisation. C'est au nom de cette histoire partagée, subie par l'Algérie, qu'elle a des obligations envers leur pays et ses ressortissants. Il s'agit d'un devoir d'hospitalité légitime, d'une responsabilité historique et morale vis-à-vis d'une ancienne colonie. Au-delà des mises en question provoquées par l'exil, ces Algériens restent persuadés que leurs systèmes de valeurs les lient inévitablement à la France. La revendication démocratique qu'ils défendaient en Algérie s'est faite, le plus souvent, au nom de principes inculqués par les Français dans lesquels ils se reconnaissent et auxquels ils s'identifient. Cependant, cette passion pour les idéaux français est heurtée par leur condition en exil. La France n'honore pas sa dette. Ils n'obtiennent pas la reconnaissance qui leur est due.

> *Mais, ce qui m'a fait mal au cœur, c'est que nous avons été ciblés parce que nous défendions des idées de la République telles qu'on nous l'a enseignée, c'est-à-dire, le modèle français et on s'est retrouvé les ennemis de tout le monde. Et l'accueil de l'administration française, ce n'est pas*

comme quand les exilés chiliens sont venus chez nous où ils ont été chez eux, on leur a tout offert, quel que soit leur niveau de formation, ils ont tous eu du boulot. La France nous a refusé ce droit pendant très longtemps et jusqu'à présent nous sommes à peine tolérés. Je pense que si demain la France perd son influence en Algérie, elle le devra à ça, sa position pendant cette période. Beaucoup de jeunes Algériens ne veulent plus entendre parler de la France et ce sont les futurs cadres du pays, beaucoup ont découvert le monde anglo-saxon alors que, pour eux, l'horizon se terminait à la France, c'était l'exemple. Donc, vous arrivez en France, dans ce grand pays, avec lequel nous n'avons pas cessé de collaborer et vous connaissez une grande déception. Quand on se retrouvait dans le monde anglo-saxon, les Algériens étaient plus Français que les Français. Beaucoup de jeunes sont partis et commencent à établir des liens avec le Canada et les États-Unis et ne veulent plus entendre parler de la France. Tout ça à cause de son attitude rétrograde et répressive vis-à-vis de l'étranger. (M. Bibène, né en 1945, médecin, installé à Paris depuis 1994, consultant.)

L'idée selon laquelle la France a des devoirs envers l'Algérie n'est pas propre aux exilés algériens. L'histoire commune a contribué à lier, dans les imaginaires, les deux nations. Vincent Geisser rappelle, à ce propos, l'existence de plusieurs articles du quotidien *El Watan* où des journalistes déplorent le traitement réservé aux intellectuels algériens par le gouvernement français. De la lecture de ces articles émerge la conviction entretenue par ces journalistes que la France a encore un rôle à jouer en Algérie. L'absence de politique cohérente à l'égard des intellectuels en exil est perçue comme une démission de l'ancienne puissance coloniale[1].

De fait, les exilés éprouvent de la rancœur envers ce pays qui les traite mal. La condition qui leur est faite en exil est vécue comme une injustice. Ils déplorent un « déséquilibre des mémoires », selon l'expression de Philippe Dewitte, « qui entraîne amertume et rancœur chez ceux qui pensaient un peu trop être de la famille, et qui s'aperçoivent qu'on les traite trop souvent comme des intrus, ou pire, comme des délinquants »[2]. Les difficultés qu'ils rencontrent teintent

---

[1] GEISSER Vincent, LORCERIE Françoise, ABADA Khadija, HORCHANI-ZAMITI Malika, MARTINELLO Marco, « Une chromique pour les Maghrébins en Europe », *Annuaire de l'Afrique du Nord*, vol. 32, 1993, p. 801.
[2] DEWITTE Philippe, « Des tirailleurs au sans-papiers : la République oublieuse », *Hommes et migrations*, n° 1221, septembre – octobre 1999, pp. 6-7.

d'emblée la relation aux *installés* d'un soupçon historique qui prend la forme d'un soupçon de racisme, comme si la relation dominé-dominant durait au-delà de la colonisation. Avant l'exil, leurs voyages en France étaient de l'ordre de l'agrément. Habitués à entretenir des rapports d'égalité avec les *installés*, ils expérimentent une nouvelle relation, une relation asymétrique dans laquelle ils sont demandeurs.

> *Ma première année s'est très mal passée. Mal, à cause des changements brutaux qui se sont faits en dehors de ma volonté, j'avais du mal à accepter ça. Mon épouse était là-bas. En plus de ça, il y avait tous les problèmes matériels, l'argent. Je connaissais pas mal de gens, mais je me suis rendu compte que c'est une chose de voir les gens quand que tu es de passage en tant que touriste et c'en est une autre quand ils savent que tu es là pour un bon moment.* (M. Met, né en 1952, rédacteur en chef d'un journal, installé à Paris depuis 1994, journaliste et écrivain.)

> *Nous avons perdu beaucoup de ceux dont on croyait qu'ils étaient des amis, dès qu'ils atterrissaient à l'aéroport, on s'occupait d'eux. Une fois, ici, ils ont cru que nous étions une charge et ils nous ont fermé leurs portes.* (M. Bibène, né en 1945, médecin, installé à Paris depuis 1994, consultant.)

Le soupçon historique pèse également dans la manière dont ils perçoivent les solidarités politiques qui se sont tissées entre la France et l'Algérie : soit que le discours dominant en France ne leur permette pas de s'exprimer, soit qu'ils trouvent cette solidarité empreinte d'un profond paternalisme.

> *La particularité du débat en France sur ce qui se passe en Algérie c'est un débat entre Français où les Algériens sont très peu présents. Les Français ne laissent pas les Algériens parler. J'ai été beaucoup sollicitée depuis que je suis en France pour parler de ce qui se passe en Algérie et c'est marrant parce que, quand on me demande d'intervenir en France, c'est toujours en tant que témoin et victime mais jamais en tant qu'acteur. Tandis que j'ai été aussi sollicitée dans d'autres pays, en Allemagne, en Suède et là, on me parle en tant qu'Algérienne qui a une vision politique et sociale et qui analyse, parce qu'aussi je suis universitaire et chercheur. En France, ceux qui analysent la situation, ce sont des intellectuels français qui se positionnent, bien sûr, ce n'est pas général, mais très souvent on sollicite les Algériens, surtout les femmes, pour venir témoigner en tant que victimes, puisqu'on est les victimes par excellence.* (Mme

Fataï, née en 1955, universitaire, installée à Paris depuis 1994, enseignant-chercheur.)

Dans les discours, deux France se dessinent : la mère des Droits de l'Homme et la marâtre colonisatrice. L'une ouverte à l'altérité, l'autre, raciste et ingrate.

Les Français ont un rapport névrotique, pathologique, nul à l'Algérie. C'est une horreur pour moi, mais je ne m'implique pas là-dedans, si ce n'est peut-être quand je sens que j'ai une capacité d'apport positif, là, je réagis. C'est pire qu'un couple qui a mal vécu un mariage et une séparation, c'est une maladie de part et d'autre. Le « Français » si on peut dire, car on résume par là une variété qui est très différenciée, mais disons le « béret baguette », je crois qu'il a une réaction assez épidermique négative vis-à-vis de l'autre. [...] Il y a pas mal de xénophobie, mais il y a aussi du racisme, c'est difficile de donner un avis à ce sujet. Moi, je n'ai jamais eu de problèmes directs, mais des expériences à rebours, du style, ma femme qui est blonde et qui passait devant moi à l'aéroport de Roissy et le policier qui lui faisait signe de passer du côté CEE, des petites choses. (M. Bradi, né en 1952, cadre supérieur, installé en France depuis 1991, à la recherche d'un emploi.)

Quelle que soit l'image de la France, le soupçon historique reste présent. Ce soupçon trouve sa constance dans l'asymétrie qui caractérise les rapports entre les *installés* et les Algériens. Les exilés ont le sentiment d'avoir à faire sans cesse la preuve de ce qu'ils sont ou/et de ce qu'ils ne sont pas.

La condition sociale de l'étranger

En exil, la relation à la France et à ses *installés* apparaît sous un jour nouveau. Les Algériens expérimentent la condition d'étranger, celle d'un « homme diminué »[1], qui n'a que peu de rapport avec leur statut juridique ou une altérité quelconque.

Il m'arrive d'entrer dans des cafés et comme je parle très bien le français, ça étonne, on me dit : « Comment vous faites pour parler comme ça ? » Mais, moi, j'ai enseigné le français à l'origine, j'ai une licence d'enseignement de français, j'ai une licence de lettres. Et le français ce n'est pas seulement la langue de l'Autre, mais c'est aussi ma langue. Donc, je suis étrange pour eux. Ils sont étonnés, parce qu'ils croient quand ils voient des gueules comme la mienne qui correspond exactement

---

[1] LOCHAK Danièle, *Étrangers. De quels droits ?*, op. cit..

au type de l'immigré qu'ils imaginent, que je suis l'immigré type. Un immigré qui attend sa retraite, qui dort dans une chambre d'hôtel, qui travaille toute sa vie comme manœuvre, qui touche le RMI ou qui est en fin de droits. Si je suis étrange pour cette raison et si je suis aussi étranger, c'est parce que je ne trouve pas ma place. (M. Zem, né en 1952, rédacteur adjoint d'un journal, installé à Paris depuis 1991, vigile.)

Plus que le sentiment d'être étranger, c'est plutôt celui d'une étrangeté à soi qui transparaît dans leurs propos. Il se donne à vivre dans la distorsion entre, d'une part l'image familière qu'ils avaient d'eux-mêmes et, d'autre part, celle qui leur est renvoyée par la société française. Dans les termes de Goffman, on peut dire que les exilés souffrent de l'incongruité entre leur « identité sociale virtuelle » et leur « identité sociale réelle »[1]. Mme Liamine évoque ce décalage des perceptions.

Souvent, on me dit : "Vous parlez bien la France Madame." D'ailleurs, un prof d'une formation que j'ai suivie n'arrêtait pas de me dire : « Qu'est ce que vous parlez bien français ! » Au début, j'ai joué à l'intellectuelle, je lui disais que ma génération a fait toute sa scolarité en français et puis un jour, j'en ai eu marre. Je lui ai dit que ma mère avait été boniche 10 ans chez les Français. (Mme Liamine, née en 1952, cadre, installée à Paris depuis 1992, à la recherche d'un emploi.)

M. Issam, quant à lui, fait mention de son faciès comme d'un « véritable symbole de stigmate » qui, à lui seul, transmet de l' « information sociale »[2]. « *Quand j'avais des sous, j'ai essayé d'intégrer certains milieux, mais même au Fouquet's, tu restes le bougnoule.* » Ces « symboles » assimilent les Algériens aux « immigrés » tels qu'ils sont perçus socialement en France : implicitement, des individus placés au plus bas de la hiérarchie sociale et qui maîtrisent mal la langue française. Ces Algériens refusent d'être assimilés à une immigration marquée socialement. L'assignation à la catégorie « immigré » participerait, selon eux, à la négation de leur propre histoire.

Ce sont deux mondes différents avec l'ancienne immigration, ils nous en veulent, on est resté en Algérie, eux ils sont partis, ils sont restés des

---

[1] GOFFMAN Erving, *Stigmates. Les usages sociaux des handicaps* (1976), Paris, Les Editions de Minuit, 1996.
[2] *Ibid.*

gens de la campagne qui continuent à vivre mal ici. Ils nous en veulent parce que nous, on vivait bien en Algérie. (Mme Warda, comédienne, née en 1962, installée à Paris depuis 1991, caissière dans une grande surface.)

Les exilés ne partagent pas grand-chose avec les âges précédents de l'immigration, à l'exception de la référence à un pays d'origine. Leurs cheminements, leurs milieux sociaux et leur rapport à l'Algérie, sauf lorsqu'ils se conjuguent sur le mode de la nostalgie, diffèrent en de multiples points. Cependant, ils sont confrontés à des expériences qui les assimilent aux immigrés. Lors des contacts avec l'administration française, par exemple, rien ne les distingue de ceux avec lesquels ils ne souhaitent pas être confondus.

S'agissant de leurs rapports avec les élites françaises descendantes d'Algériens, les relations ne sont pas toujours favorables. Vincent Geisser fait état de l'ambivalence de ces élites issues de l'immigration maghrébine à l'égard des intellectuels exilés en France. Ils ont tendance, note-t-il, à les traiter avec « suspicion et à refuser de les dissocier du reste de la politique algérienne en les rendant, en partie, responsable du déclin actuel »[1].

La confrontation à l'indifférence

Dédouané de contentieux historique, le rapport aux *installés* prend des formes différentes au Canada. Mais le discours pluraliste à l'œuvre au Canada qui pose la différence comme une valeur a parfois des effets pervers. Les exilés déplorent la prégnance des catégories au Québec qui distinguent les « Québécois » et les « immigrants ». Une telle distinction fait obstacle, selon eux, à la relation aux *installés* et leur donne le sentiment d'être mis à distance.

L'exclusivité d'une identité « pure laine »

L'établissement à Montréal s'est fait de manière plus aisée qu'à Paris. Comme nous l'avons déjà noté, ces Algériens bénéficient d'un statut juridique assuré qui leur permet d'envisager un avenir canadien. Dès leur arrivée au Québec, ils se sont dirigés vers des organismes destinés aux nouveaux arrivants. C'est au travers de ces démarches

---

[1] GEISSER Vincent, *Ethnicité républicaine. Les élites d'origine maghrébine dans le système politique français*, Paris, Presses de la fondation nationale des sciences politiques, 1997, p. 55.

engagées pour leur installation (logement, inscription des enfants à l'école, carte d'assurance sociale, emploi, etc.) que l'image d'une société clivée prend forme. Dans ces filières différenciées, destinées à rendre plus facile leur intégration, ils sont en contact avec des « immigrants ». Mais les rencontres avec les « Québécois » restent rares.

> *Ici, c'est « immigrant » et « Québécois ». Quand je suis arrivée, j'ai appelé la société automobile du Québec, car je devais repasser mon permis. J'ai dit à la dame : « Mon permis est en arabe, qu'est-ce que je fais ? » Elle me dit : « Il faut le traduire ». Je lui demande si elle a des références à me donner et la dame me dit : « Adressez-vous à votre communauté. » J'ai été choquée, elle me renvoyait à une communauté. Je me disais, je viens d'arriver, qu'est-ce qu'ils ont à voir les Algériens avec mon permis de conduire ?* (Mme Mimouna, née en 1955, enseignante, installée à Montréal depuis 1994, employée dans un centre communautaire.)

Depuis la francisation de la Province en 1977, le Québec n'a cessé de multiplier des catégories de Québécois. « Minorités ethniques », « immigrant », « membre des communautés culturelles », « Québécois des communautés culturelles », autant de termes successifs qui témoignent d'une relative difficulté à définir un « nous » inclusif. Ces catégories, qui n'ont cessé de se substituer les unes aux autres, restent prégnantes dans la vie sociale. Les exilés les perçoivent comme des marques signifiant une altérité indépassable.

> *Ici, on parle de « minorité culturelle », de « communauté culturelle », ce n'est pas bon. Parce que vous arrivez ici et, je suis désolée, mais vous êtes « Québécois », « Canadien ». « Communauté culturelle » ! C'est comme si on vous disait : « Vous êtes différents de nous ! » Et puis quand même, je le sens au niveau de mon travail, il y a les « Québécois » et les « immigrants ». J'entendais dire souvent : « Oui, on va faire quelque chose pour les communautés culturelles », ça me mettait hors de moi !* (Mme Mimouna, née en 1955, enseignante, installée à Montréal depuis 1994, employée dans un centre communautaire.)

Les discours généreux du pluralisme culturel ne rencontrent pas toujours de résonance positive auprès de ceux auxquels ils s'adressent. Mme Mina, par exemple, raconte son exaspération à la suite d'une journée « multiethnique » organisée par l'école de son fils.

Tu sais ce que j'ai compris ? La culture, c'est nous, eux, ce n'est pas culturel. [...] Est-ce que les immigrants ne sont bons que pour la musique, les danses et le tam-tam ? Pourquoi je dis ça ? La semaine passée, j'ai été invitée à l'école de mes enfants, ils ont fait des kiosques avec des représentants de tous les pays, c'est vrai qu'il y avait le Canada, les enfants ont fait des danses et tout. Le soir on a fait un souper de parents et j'ai dit à une amie : « Nous, les immigrants, on est juste bon pour des danses, mais on n'est pas bon pour des emplois nobles comme médecin ou ingénieur ! » À travers toute cette soirée à écouter de la musique latino, arabe, marocaine, libanaise, je me suis dit : « Où est la culture québécoise, où est la chanson québécoise, où est la danse québécoise ? » [...] L'intégration c'est que j'assiste à toutes les réunions muti-ethniques ? Que je participe aux galas ? Non, ce n'est pas ça une intégration ! (Mme Mina, née en 1956, médecin, installée à Montréal depuis 1996, formation d'infirmière.)

Les problématiques sur l'identité québécoise au sein du plus vaste Canada rendent l'identification difficile. Les débats sur la question nationale structurés autour du questionnement sur la « culture commune » et de la définition de la citoyenneté, apparaissent comme un domaine exclusivement réservé aux « Québécois »[1]. Les exilés n'en retiennent que ses aspects les plus exclusifs afférents au discours de la souche et de la pureté. La « nation québécoise » est perçue comme celle de francophones québécois descendants de Canadiens-français.

Écoute, je t'avoue qu'au Québec c'est difficile de se sentir « Québécois ». Tous les copains qui sont en Ontario ou en Alberta le disent et insistent sur le fait que, là-bas, tout le monde se sent « étranger », tout le monde se sent « immigré ». Au Québec, on le sent moins à cause de cette problématique de la souveraineté qui souvent, j'allais dire, nous contient un peu dans notre désir de nous diluer complètement et correctement dans l'environnement. (M. Nassim, né en 1950, cadre supérieur, installé à Montréal depuis 1993, consultant international.)

Je ne pourrai pas participer au débat, car je ne me sens pas concernée, et tous les immigrants vous diront ça, parce que la question de la souveraineté, c'est seulement pour les Québécois. Quand on vous dit

---

[1]Ce type de représentations des rapports « Québécois »/ « immigrant » apparaît avec force dans l'ouvrage de Denise Helly et Nicolas Van Schendel, *Appartenir au Québec. Citoyenneté, nation et société civile*, Québec, Les Editions de l'IQRC, 2001.

> « *Vous n'êtes pas Québécois* », comment voulez-vous que je me sente concernée ? Je ne peux pas défendre cette cause si je ne considère pas que j'en fais partie. Tant qu'ils ne diront pas aux autres « *Vous êtes des Québécois* », et bien non ! (Mme Rif, née en 1951, professeure, installée à Montréal depuis 1994, employée dans centre communautaire.)

Ces exilés perçoivent la « citoyenneté québécoise » comme le support politique des « Québécois de souche », – la revendication souverainiste ne facilitant pas un sentiment d'identification. Cette méfiance à l'égard du projet indépendantiste n'est pas propre aux enquêtés, elle s'exprime dans les discours de bon nombre de migrants. Ce rejet s'explique par diverses raisons, entre autres, la peur des répercussions socio-économiques et la crainte d'un accroissement de la discrimination[1]. Le référendum de 1995 sur la souveraineté du Québec a convaincu certains exilés que la distinction « Québécois »/« immigrant » était bien réelle. À l'issue de ce référendum qui se solda par un « non », M. Parizeau, chef du gouvernement québécois, a publiquement désigné le « vote ethnique » comme l'une des raisons de l'échec du « oui ». Cette déclaration fut très controversée. On reprocha à M. Parizeau d'avoir stigmatisé une partie de la population.

> *La phrase de Parizeau, j'ai trouvé ça fasciste, c'est un terrible préjugé qui, en principe, aurait dû bouleverser tout le langage politique habituel, et ça aurait pu amener à des transformations profondes des rapports entre les gens. Il faut comprendre pourquoi les étrangers votent pour le Canada. Il y a une peur derrière, ces gens-là sont mal à l'aise. Pour moi, ça va, mais il y a des gens qui ne parlent pas la langue, qui sont analphabètes, et ces gens ont vu des pays se diviser. Ici, un des pays les plus riches, où le niveau de vie est le plus élevé, où il y a le plus de liberté, ils ont peur de la séparation. Ce sont des discours comme ceux de Parizeau qui font encore plus peur aux étrangers, c'est un fasciste. Il est pour la nation québécoise, il a raison, mais il risque de dire un jour la première chose à régler c'est le départ des immigrants, on n'en veut plus !* (M. Ali, né en 1953, réalisateur, installé à Montréal depuis 1994, à la recherche d'un emploi.)

Cette « gaffe » du Premier ministre, telle qu'elle fut relatée dans les journaux de l'époque, ne fut pas sans effets sur la perception des

---

[1] Voir à ce propos l'article de LABELLE Micheline, ROCHER François, ROCHER Guy, « Pluriethnicité, citoyenneté et intégration : de la souveraineté pour lever les obstacles et les ambiguïtés », *Cahiers de recherche sociologique*, n° 25, 1995, p. 230.

exilés de la société québécoise. Elle constitua, pour certains, la preuve tangible de l'exclusivité de la catégorie « québécois ».

Les différences invisibles

À Montréal, les exilés découvrent avec surprise les différences que masque l'usage de la langue française. Ils réalisent que le français, qu'ils percevaient comme un outil précieux d'intégration, n'efface pas les altérités. En réalité, la langue partagée dissimule des modes de relation à l'Autre différents. Monsieur et Madame Zakaria en ont fait l'expérience. Ils nous ont conté leur désappointement à l'issue d'une soirée passée avec leurs voisins. Quelques jours après leur installation dans leur appartement, ils décident d'inviter la famille voisine à partager un dîner. La soirée est agréable ; ils discutent longuement. Leurs voisins se livrent, dès cette première soirée, à ce que la famille Zakaria interprète comme des confidences. Ils sont d'abord surpris par la liberté de ton de la conversation puis s'en réjouissent, convaincus qu'il s'agit là d'une marque de confiance. Deux jours après ce dîner, la dame voisine salue très rapidement Mme Zakaria. Cette dernière se sent blessée et interprète ces salutations rapides comme une marque de froideur. C'est cette même déception qui a été soulignée dans les travaux sur les femmes maghrébines installées à Montréal. Frappées par le manque de réserve de leurs interlocuteurs « québécois », elles ont interprété, dans un premier temps, « ce débordement de règles socialement acceptées de l'interaction comme une marque de confiance, prélude à une amitié durable, pour découvrir par la suite que les relations en étaient restées à un stade embryonnaire »[1]. Ces exilés prennent pour de l'indifférence ce qui n'est, parfois, qu'un mode de relation à l'autre différent.

> *Un matin, on s'est rendu compte que, finalement, on n'avait pas beaucoup d'amis québécois alors qu'on est au Québec. Mais ce n'était pas parce qu'on ne voulait pas ! Je trouvais que… On n'y arrivait pas. Tu vois, on invitait des Québécois et puis ça s'arrêtait là. Alors que les Algériens, quand tu les invites, et bien, ils se sentent comme un peu obligés de réinviter ou de t'inviter chez des amis à eux. Il y a un échange constant, au moins, on se retéléphone. Mais les Québécois… Je ne sais pas, le courant ne passe pas tout de suite. (Mme Bibti, née*

---

[1] Cf. FILLAUD Laurence, *Socialisation au quotidien des femmes immigrées maghrébines à Montréal : Etat, acteurs et biographies individuelles*, Thèse de Doctorat en Sciences Politiques, Université Laval (Canada), 2001.

en 1957, installée à Montréal depuis 1995, à la recherche d'un emploi.)

> *Ce qui me tue ici, c'est que je suis là depuis trois ans et je ne connais pas un seul québécois, alors que lorsque j'étais en France, tous les gens avec qui je travaillais sont devenus des amis. Est-ce que je dégage de l'animosité ? Si c'est moi qui dégage de l'animosité pourquoi je n'en dégage qu'ici ? Je n'ai pas un seul ami Québécois. Je ne sais pas comment ils comprennent l'amitié.* (M. Mouma, né en 1966, journaliste, installé à Montréal depuis 1997, à la recherche d'un emploi.)

La distinction « nous »/« eux » structure l'ensemble des discours. Les exilés subsument leur expérience dans un « nous immigrants » faisant exister une dichotomie que, pourtant, ils déplorent. Ils participent ainsi à la naturalisation de la catégorie des « Québécois » qu'ils définissent comme vecteur de différences culturelles qui leur semblent rédhibitoires. Pour appréhender leur situation au Québec, la référence à la France constitue une dimension structurante des discours. Parfois, la nostalgie de l'hexagone se confond avec celle de l'Algérie, au point même que le « chez nous » désigne les deux pays en même temps : « *Rentrer en France, c'est rentrer chez moi !* », affirme Mme Katia. Cette distinction Québec-France, relayée par celle Méditerranée-Amérique du Nord, est organisée autour de l'opposition convivialité-individualisme. La comparaison « superficialité »-« authenticité » est souvent mobilisée.

> *J'ai des déceptions. Je disais à mes amis à qui j'écrivais que le Canada est un mythe, surtout sur le point humain. Ici, on peut s'enrichir, avoir une maison, c'est facile, à condition d'avoir un bon travail. Si le couple travaille, au bout de 4 ans, on peut s'acheter une maison et une voiture. Mais le plus difficile, c'est que l'on se sent trop seul. On donne de l'espace à l'individu, la maison que j'ai ici ne faisait même pas partie de mes rêves en Algérie. Mais je me suis rendu compte au bout de 4 ans qu'il y a beaucoup d'espace pour l'individu mais qu'il n'y a pas d'espace pour le cœur. Le cœur est trop serré par manque de voisinage. Je connais juste deux personnes qui habitent dans ma ruelle. Il y a une trentaine de maisons, et je ne connais que deux personnes. En Algérie, on connaîtrait tout le monde, on se saluerait. Moi, j'ai besoin des autres, de me sentir vivant, apprécié, de rentrer chez mon voisin, qu'il vienne boire un café chez moi. Il me semble que c'est différent en*

France, il y a plus de solidarité. (M. Ali, né en 1953, réalisateur, installé à Montréal depuis 1994, à la recherche d'un emploi.)

La comparaison Québec/France apparaît également, nous le verrons, dans les propos des exilés proches de l'expérience de l'*exil assumé*. Mais tandis que pour ces derniers, la comparaison signifie un mieux être au Québec au regard d'une hypothétique vie en France, pour les autres, c'est l'inverse : le détour par la France permet de rendre plus dramatique encore la distance qu'ils expérimentent avec les « Québécois ».

Je connais parfaitement la France, j'y ai de la famille. J'aime beaucoup, ça me rappelle mon enfance, mes amis. Nous étions toujours colonisés quand j'étais jeune. J'ai beaucoup aimé mon enfance, mon père travaillait dans la marine, donc on avait un logement de fonction avec les Français et ils étaient très sympathiques. On avait une petite maison, à côté il y avait l'amiral et tout, et je ne voyais pas les différences. On faisait nos fêtes ensemble, on vivait ensemble. J'en parle toujours avec mon mari parce que c'est quelque chose qui m'a marquée. Il n'y avait pas de différences, mon père était francisé mais c'était un Algérien ! On parlait français, j'ai appris l'arabe après l'indépendance. On avait le logement de fonction plus l'école française, il n'y avait qu'une seule famille algérienne. D'ailleurs, j'ai eu des problèmes au lycée. Quand je suis en France, je suis comme avant. Ici, je suis étrangère. C'est paradoxal, mais ce qui m'a choquée ici, c'est par rapport à la France. Ici, c'est la façon de s'habiller, la culture n'est pas du tout la même. Cette finesse leur manque. Peut-être qu'ils sont gentils, mais il y a des petites choses... Leur tenue, leurs façons de faire... Je n'arrête pas de faire la comparaison avec les Français. (Mme Sofia, née en 1952, assistante sociale, installée à Montréal depuis 1997, à la recherche d'un emploi.)

L'évocation de leurs expériences françaises dans des termes positifs est la marque de la pauvreté des relations qu'ils entretiennent avec les *installés* au Québec. Pour eux, ces difficultés de la rencontre avec l'Autre ne sont pas imputables à une difficulté d'intégration de leur part, elles sont dues aux « Québécois » eux-mêmes à l'endroit desquels ils usent de termes parfois durs. Ces jugements définitifs sont à la mesure du mal être qu'ils ressentent.

Le Québec est un tout petit pays ! Ils portent en eux le sentiment de la défaite, c'est peut-être pour ça qu'ils sont comme ça ! Les valeurs, la morale ce n'est pas pour eux. Le Québec a toutes les caractéristiques des pays qui sont défaits. (M. Mouma, né en 1966, journaliste, installé à Montréal depuis 1997, à la recherche d'un emploi.)

La langue française partagée avec les *installés* constitue l'un des facteurs qui faisait du Québec une destination attrayante. Or, cette langue n'induit pas de familiarité. Au contraire, ce qui se joue à travers cette langue française en Amérique du Nord, notamment l'affirmation d'une culture québécoise, fait figure, pour les exilés, d'un frein pour tisser un réel sentiment d'identification aux *installés*. En France, les Algériens souffrent de se sentir familiers des *installés* et de ne pas réussir à s'y faire une place. Au Québec, ils regrettent de s'en sentir éloignés alors que tout semble mis en œuvre pour leur intégration.

CHAPITRE 4
LE RAPPORT À SOI DÉVALUÉ

> « *L'arrivée a été un tel choc ! Ça a été très difficile, pour moi, c'était dur. On a tous traversé une période, d'un an ou deux, de solitude car chacun voulait cacher son désarroi. J'ai passé six mois sans avoir donné ni reçu de coup de fil, à l'exception des amis qui m'appelaient d'Alger pour me soutenir. Mais là, on ne voulait pas montrer notre... On était chacun dans une situation très difficile, plus de visibilité sociale. On était caché dans notre tanière avec des moments très durs, pleurer en écoutant de la musique algérienne, j'ai même eu certaines pulsions suicidaires. Cette culbute rapide avec la perte de tous nos repères et puis cette indifférence de la société française...* » (M. Bibène, né en 1945, médecin, installé à Paris depuis 1994, consultant.)

> « *Tu sais, j'ai quitté l'Algérie, j'avais trente-sept ans, j'avais pas six ans ! Je pensais que je pourrais assumer complètement cette rupture, mais c'est très dur. C'est comme un élément équilibrant qui me manque... On dirait qu'il me manque une jambe, que j'ai été amputée de quelque chose. Oui, je suis amputée de quelque chose. C'est comme ça que je le ressens* ». (Mme Rabi, née en 1954, professeure, installée à Montréal depuis 1994, aide-comptable.)

Les exilés dont l'expérience est proche de l'*exil subi* connaissent un rapport à soi dévalué. Leurs identifications se conjuguent au passé exprimant par là-même le sentiment de leur finitude. Comme si leur avenir était déjà joué, ces Algériens appréhendent leur destin avec une grande dose de fatalisme qui leur interdit tout espoir. Les expériences auxquelles ils sont confrontés ne font qu'accroître le caractère incertain et aléatoire du futur.

La baisse de l'estime de soi

L'épreuve de l'exil apparaît comme une rupture radicale des trajectoires de vie. Ce tournant de l'existence marque le passage brutal d'un monde à l'autre entre lesquels le sentiment de continuité a peu d'épaisseur. L'exil s'apparente ainsi à un véritable « choc biographique »[1] qui conduit à des mises en question diverses.

Pour tous, le passage d'un monde à l'autre s'éprouve symboliquement et physiquement par le franchissement d'une frontière. C'est plus particulièrement le cas des « revendicateurs » de statut de réfugié au Canada pour lesquels ce passage prend la forme bien concrète d'une traversée à pied, d'un *no man's land* où leur avenir est en jeu. C'est dans l'espace-temps du passage de la frontière canadienne que se concentrent tous les archétypes des incertitudes de la traversée qui mène d'un monde à l'autre. À la différence des « immigrants reçus », les « revendicateurs » partent dans la précipitation. Les menaces qui pèsent sur eux sont trop fortes pour qu'ils envisagent une procédure d'immigration dont l'issue demeure aléatoire. La préparation psychologique et matérielle au départ se fait dans un temps restreint. Souvent, ces exilés ont gardé en mémoire la date de l'événement « déclencheur » du départ.

> *Mon cabinet marchait très bien, et un jour on me demande d'aller chez un patient et on m'a suivie. Je ne me suis pas arrêtée chez la patiente, je suis retournée chez moi et ils m'ont suivie. Je suis retournée dans mon cabinet. Ils ont menacé la fille avec qui je travaillais, ils ont cassé des choses et ils sont partis. Mon mari et des amis sont venus me chercher. On est sorti par un autre côté. Je suis partie chez mon frère qui habitait assez loin d'Alger – c'était le 4 juin exactement – et puis je n'ai plus jamais remis les pieds dans mon cabinet. J'ai pris l'avion deux jours après. Mon mari, ça faisait plus d'un mois qu'il me disait : « On s'en va, il faut que tu fermes le cabinet. » Il avait déjà fait les démarches pour le visa pour passer par les États-Unis. Donc, le jour même, il est allé prendre les billets pour moi et pour les enfants.* (Mme Rzela, née en 1950, médecin, installée à Montréal depuis 1994, employée dans un centre communautaire.)

Leurs parcours se ressemblent. Nombre d'entre eux sont passés par les États-Unis. Pour obtenir un visa, ils doivent justifier d'un

---

[1] L'expression est empruntée à Claude Dubar, *La Crise des identités. L'interprétation d'une mutation*, Paris, Presses Universitaires de France, 2000, p. 170.

hébergement ou d'une réservation à l'hôtel. Ensuite, ils se rendent, par bus ou par taxi, à quelques kilomètres de la frontière car aucun véhicule ne détient le droit de faire passer des individus illégalement. La traversée de la frontière s'effectue à pied et dans l'illégalité, ce qui fait de ce passage une expérience angoissante.

> *D'abord il faut avoir un visa pour les EU. Pour avoir le visa, il faut soit faire une réservation dans un hôtel américain, soit être invité. Moi, je ne connaissais personne, alors on a dit : « On va réserver un hôtel ». Un matin, je me réveille à 4 heures du matin et je dis à Leïla* [son épouse] *: « Ça y est, j'ai trouvé quelqu'un ! » Je pensais à un collègue qui m'avait dit, il y a quelques années, que son frère était aux États-Unis. Le lendemain, je vais le voir et il me dit que son frère est à New York, et je lui demande s'il peut me faire une invitation, et il me l'a envoyée. Et quand sa femme américaine a appris que ma femme était enceinte, qu'on fuyait l'intégrisme, elle a dit qu'il n'était pas question qu'on dorme à l'hôtel, alors ils nous ont récupérés, on a dormi une nuit à New York. Sa femme a été vraiment extraordinaire. […] Après, on a pris le car. La loi interdit à tout transporteur d'amener quelqu'un dans un pays sans qu'il ait de visa. Ils te pénalisent toi et le transporteur aussi. Donc avant que tu prennes l'avion ou un car, on te dit : « Visa ! » Dans ce cas-là, il faut s'arrêter à une ville qui est frontalière, le transporteur, il ne te dit rien, car on est aux États-Unis. On arrive alors à pied au Canada. Le bus nous a amené de New York à la ville frontalière. On a passé la nuit dans la ville frontalière et de là on a pris un taxi, et le taxi lui, il est au courant de la combine, il te dépose à 100 mètres de la frontière. Donc, quand tu arrives, c'est à pied. On est arrivé avec deux valises et Leïla était enceinte de 5 mois. Je me souviens, il faisait froid.* (M. Zakaria, né en 1950, cadre supérieur, installé à Montréal depuis 1994, à la recherche d'un emploi.)

Aux frontières canadiennes, l'angoisse est à son comble et c'est avec une grande émotion que les exilés évoquent cette « épreuve du passage ». Ils se présentent à la frontière avec quelques valises, laissant derrière eux les marques et les objets de toute une vie passée. Ce passage prend les allures d'une véritable épopée dont le dénouement se joue aux frontières.

> *J'ai eu un visa pour les États-Unis, je suis allée jusqu'à la frontière canadienne, j'ai traversé illégalement la frontière et j'ai demandé le droit à l'asile. On te demande ton passeport. Ils savent ce qui se passe en*

Algérie, il y a beaucoup d'Algériens qui sont passés par là. On est arrivé à la frontière à deux heures du matin et on a passé toute la journée jusqu'à 11 heures du soir. Mes enfants étaient dans un état lamentable, je leur avais expliqué la situation mais ils n'avaient même pas le droit de sortir. On était dans une sorte de baraque et mon fils m'a dit : « Maman tu nous as menti, on est en prison ! » (Mme Chumch, née en 1953, cadre supérieur dans un ministère, installée à Montréal depuis 1994, doctorante à l'université.)

Une fois la frontière franchie, le « revendicateur » est reçu par un agent d'immigration qui l'interroge sur les motifs de sa demande d'asile. Les exilés doivent alors prouver qu'ils sont réellement des « réfugiés ». Des auteurs ont montré la fonction thérapeutique du récit. « Raconter son désastre, note Boris Cyrulnick, c'est le faire exister dans l'esprit d'un autre et se donner ainsi l'illusion d'être compris [...] Il y a une transformation émotionnelle de son épreuve qui, dès qu'elle est partagée par un tiers, change de forme. »[1] Mais, ces récits aux postes de frontières prennent une toute autre valeur : ce sont des narrations contraintes à l'issue desquelles se jouent des destinées[2]. Ni témoignages, ni dénonciations pour des individus qui, pourtant, se perçoivent comme des victimes d'une situation qui leur échappe, ce sont des justifications. Les propos des enquêtés rappellent ce que Gérard Noiriel révèle dans les lettres de réfugiés dans son ouvrage *Réfugiés et sans papiers*. À l'issue de l'analyse de centaines de lettres écrites aux représentants de l'État français, depuis un siècle et demi, l'auteur note que, quelle que soit leur forme, les récits peuvent être ordonnés « sur l'axe de la justification »[3]. C'est tout l'avenir des exilés qui se joue à la frontière, dépendant de leur capacité à convaincre qu'ils sont des réfugiés « authentiques ».

Tu es là, tu attends, tu es fatiguée, angoissée, tes enfants ont faim et on te demande de raconter ton histoire et d'attendre. Mais d'attendre quoi ? Tu ne sais pas, on ne te dit rien, tu as l'impression que ton destin entier est entre leurs mains. (Mme Rzela, née en 1950,

---

[1] CYRULNICK Boris, *Un Merveilleux Malheur* (1999), Paris, Odile Jacob, 2002, p. 106.
[2] L'agent d'immigration peut décider du renvoi immédiat dans le pays de premier asile par lequel le demandeur d'asile a transité.
[3] NOIRIEL Gérard, *Réfugiés et sans-papiers. La République face au droit d'asile*, Paris, Calmann-Levy, 1991, p. 269.

médecin, installée à Montréal depuis 1994, employée dans un centre communautaire.)

Ces moments sont décrits dans les termes de l'humiliation, humiliation relative à la demande de statut elle-même qui exprime le dénuement. La demande d'asile signifie une « perte du monde ».[1] Une fois la frontière canadienne franchie, ces Algériens se retrouvent dans un univers contingent qui se révèle dans sa face négative, celle de « la perte de son univers et de ses biens »[2].

> *Du jour au lendemain tu vas sur une terre, mais pas parce que tu le veux. Tu es administrativement et politiquement gérée, tu as un statut de réfugié. Tu le vis mal parce que tu es prise dans le piège. C'est comme si tu étais en prison, parce que tu as l'impression que tu dois quelque chose à quelqu'un, que tu es redevable. Un pays qui t'ouvre les bras, donc il faut se tenir à carreaux, pas de débordements. Mais le plus dur, c'est surtout la frustration de se dire : « Mince ! Avec ma dignité, je veux garder la tête haute ». Tu viens pratiquement demander l'aumône.* (Mme Hind, née en 1944, médecin, exilée à Montréal depuis 1994, à la recherche d'un emploi.)

À l'incertitude du passage de la frontière succède l'attente douloureuse d'une réponse positive à la demande d'asile.

Le déclassement social

L'exil bouleverse les temporalités sociales, car il intervient dans la vie des exilés à un moment où leurs aspirations professionnelles avaient été réalisées. Plutôt que de jouir de leurs effets, ils ont été contraints à partir alors que la retraite constituait leur horizon le plus proche.

> *Et il y a l'âge aussi... On part à vingt ou trente ans. Vingt ans après, c'est l'âge où nos enfants sont des adultes. À cet âge-là, on pense normalement à la retraite. Donc, ça a été assez difficile sur le plan de la remise en question, sur le plan du statut social parce qu'on redémarre à zéro.* (M. Ben, né en 1945, médecin spécialiste, installé à Montréal depuis 1997, formation d'infirmier.)

---

[1] STRAUSS Anselm L, *Miroirs et masques. Une introduction à l'interactionnisme* (1989), Paris, Métailié, 1992.
[2] Selon Anselm Strauss, l'autre « face de l'univers contingent » est positive, c'est celle de la découverte, *ibid.*, p. 41.

Inscrits dans des trajectoires professionnelles plus ou moins ordonnées et prévisibles de leur vie, ils n'étaient pas préparés à de telles expériences. En exil, ils expérimentent, souvent pour la première fois, l'inactivité professionnelle et le déclassement social qui constituent des apprentissages douloureux. Dans le cadre restreint de notre échantillon, un exilé seulement, M. Hamoula, journaliste en Algérie, avait fait l'expérience du chômage avant l'exil. Le directeur de la radio pour laquelle il travaillait lui imposa de censurer une phrase d'un reportage qui lui tenait à cœur. Il refusa et quitta la radio. De fait, cette expérience du chômage n'a pas eu le sens déqualifiant habituel, au contraire, il ressortit grandi de cette épreuve et put réintégrer la radio quelques mois plus tard. À l'exception de M. Hamoula, les interviewés n'ont jamais connu, avant l'exil, l'inactivité professionnelle. L'expérience de la « carrière brisée » les conduit à des remises en question douloureuses qui mettent en cause les engagements passés. Cette rupture dans leur trajectoire fait surgir le sentiment amer du regret et de la peine perdue.

> *Quand on aimait son boulot et qu'on y a consacré des années d'études, c'est dur. Moi, je suis entrée officiellement dans le monde du travail en 1993. 24 années de ma vie à étudier pour me retrouver là ? C'est un bac plus 10 ans d'études ! Est-ce que tout ça valait le coup ? Il va me servir à quoi mon diplôme ?* (Mme Noura, née en 1966, universitaire, installée à Paris depuis 1999, à la recherche d'un emploi.)

Le déclassement social est difficile pour tous mais il est vécu avec plus d'acuité encore par ceux qui envisageaient leur profession dans les termes de la vocation. Pour ceux-là, la perspective de reconversion professionnelle est difficile, voire impensable. C'est ce qu'exprime avec force Mme Hind installée à Montréal avec son conjoint et ses deux enfants depuis 1994. Elle fut contrainte de fuir l'Algérie en raison des menaces qui pesaient sur son mari, maire d'une petite ville. En Algérie, elle exerçait comme psychiatre et tirait une grande fierté de sa réussite sociale. Issue d'un milieu modeste, elle se définit comme le produit de l'école algérienne. Elle se remémore les batailles qu'elle dut mener au sein de sa famille pour poursuivre des études.

> *Moi, dans ma famille, j'ai dû me bagarrer pour faire des études, une femme ne travaille pas, alors ça sert à quoi les études ? À chaque fin d'année scolaire, c'était la bagarre, c'était l'assemblée familiale, elle continue ou pas ? Le verdict c'était : pas d'études. J'ai employé le seul*

moyen à ma disposition : la grève de la faim. Ça n'a pas été facile. Quand j'ai repris, je ne pouvais pas faire n'importe quoi. Pour eux, c'était clair, c'est-à-dire, il fallait que je devienne enseignante. J'ai dit : « Je veux faire médecine ». Ils ont fait un conseil de famille, les hommes étaient réunis mais, en fait, ce sont les femmes qui on mené le bateau. Je leur disais : "Quand vous allez vous faire soigner, vous allez voir un homme ? " J'ai réussi, j'ai pu émerger du groupe, par rapport au groupe social des femmes, parce que pour eux, les études, c'était l'enseignement. Je te parle de mon milieu, des milieux populaires. (Mme Hind, née en 1944, médecin psychiatre, exilée à Montréal depuis 1994, à la recherche d'un emploi.)

Après moult discussions, son père accepte qu'elle poursuive des études supérieures qu'elle mène avec succès. Sa conquête ouvre la voie des études à ses sœurs cadettes. Mme Hind explique la passion qu'elle nourrit pour sa profession et se souvient, avec beaucoup de nostalgie, de l'affection qu'elle portait à ses patients. Le départ se fait sous le signe de la déchirure. Elle se heurte, à Montréal, à l'ordre professionnel des médecins qui lui interdit d'exercer sa profession. Elle espère alors acquérir comme équivalence le statut d'infirmière. Elle ne l'obtient pas ce qui la plonge dans une profonde détresse. Lorsque nous l'avons rencontrée, elle nous a confié son désir de retourner en Algérie pour recommencer à exercer. Submergée par les larmes, elle nous a raconté son « anéantissement » en évoquant son cheminement depuis l'exil comme celui d'une « régression ».

Quand tu repenses aux sept années universitaires, aux quatre années de spécialité, ça fait beaucoup d'années d'études. Quand j'ai terminé, j'avais 33 ans. Tu te dis « Mince, tout ça est parti ! Parce que j'ai changé de pays, ça n'existe plus ! » [...] *Je ne cherche plus, je ne veux plus chercher de boulot. J'ai dit à mon mari : « Maintenant, je deviens la femme traditionnelle, ne me parle plus ! » Il sait que ce n'est pas ma nature, ça l'inquiète, mes sœurs sont aussi inquiètes pour moi. Je suis mal, des fois je me dis : « Je vais faire autre chose. » Mais quoi ? Me réorienter vers un autre domaine ?! Mais où ? Quoi ? Je n'ai rien d'autre, aucune compétence. Qu'est-ce que je peux faire ? Faire la cuisine ? Garder des enfants ? Faire des ménages ? Je ne sais rien faire d'autre que la médecine ! Je ne sais plus Myriam, je ne sais plus. Actuellement, je suis dans cet état d'esprit, je ne me vois pas continuer à vivre ici dans cette situation. C'est dégradant. Ce n'est même pas de la stagnation, c'est de la régression.* (Mme Hind, née en 1944, médecin, exilée à Montréal depuis 1994, à la recherche d'un emploi.)

La mise en lumière des deux pôles de la dimension subjective du travail élaborée par Bourdieu aide à comprendre l'expérience des exilés : « L'expérience du travail , note-t-il, se situe entre deux limites, le travail forcé, qui n'est déterminé que par la contrainte extrême, et le travail scolastique, dont la limite est l'activité quasi ludique de l'artiste ou de l'écrivain ; plus on s'éloigne de la première, moins on travaille directement pour de l'argent, et plus l'intérêt au travail, la gratification inhérente au fait d'accomplir le travail s'accroît – ainsi que l'intérêt lié aux profits symboliques associés au nom de la profession ou au statut professionnel et à la qualité des relations de travail qui vont souvent de pair avec l'intérêt intrinsèque du travail. »[1] Les exilés nourrissaient un rapport au travail proche du second pôle, le considérant comme le lieu de leur épanouissement. Plus encore, ils l'envisageaient comme une « profession » dans le sens le plus restreint et le plus ancien du terme, quand il se réfère « au petit nombre de métiers très prestigieux et qualifiés dont les membres agissaient pour le profit d'autrui ; les avocats et les médecins en sont les prototypes »[2]. Prestige et utilité sociale représentent des valeurs qui donnaient sens à leur profession et qui rejaillissaient sur leur statut social. À l'image des cadres au chômage interviewés par Dominique Schnapper[3], c'est le travail qui constituait leur statut principal. Il était perçu comme l'expression privilégiée d'eux-mêmes.

Au début, je me disais : « Pourvu que je vive, je suis prête à faire n'importe quoi. » J'étais prête à le faire, j'ai pris des journaux, j'ai regardé les petites annonces. Et puis, hop, tu es confrontée à une autre réalité. C'est vrai que, quand tu arrives, tu as un tout autre état d'esprit, tu es prête à tout ! Mais réellement, tu n'es pas n'importe qui, c'est ça l'identité de quelqu'un, c'est qu'il n'est pas n'importe qui. Donc, tu ne peux pas faire n'importe quoi en n'étant pas n'importe qui. C'est vrai, je ne suis pas n'importe qui, je ne peux pas mettre trente ans d'études comme ça au rancart en disant : « J'ai émigré, ça y est, je suis une autre personne ». Mais non ! J'ai un passé, un vécu, et j'ai un capital de connaissances et de compétences et, maintenant, si je

---

[1] BOURDIEU Pierre, *Méditations pascaliennes*, Paris, Seuil, 1997, p. 241.
[2] HUGHES C. Everett, *Le Regard sociologique*, « L'étude du travail et du métier », Paris, EHESS, 1996, p. 63.
[3] SCHNAPPER Dominique, *L'épreuve du chômage*, op. cit., p. 208.

ne peux pas mettre en application ce capital, quelle est ma place dans la société ? Quelle est ma place si je n'arrive pas à trouver ma place en me disant je suis utile et apporter un plus à cette société ? (Mme Hind, née en 1944, médecin, exilée à Montréal depuis 1994, à la recherche d'un emploi.)

Pour ces exilés, la valeur du travail n'est pas uniquement liée aux avantages matériels qu'il procure, mais aussi à sa dimension politique. Ainsi, M. Hamoula se rappelle la satisfaction qu'il connut tout au long de sa vie professionnelle, convaincu qu'il servait sa société. Permettre aux jeunes Algériens de s'exprimer librement à son antenne lui semblait un travail nécessaire et utile pour la marche de son pays. Ce sont ces « *raisons d'être* » associées au travail qui lui confèrent tout son sens. Toutefois la valeur de la profession est largement dépendante de l'espace politique dans lequel elle s'inscrit. C'est la raison pour laquelle des exilés qui, pourtant continuent d'exercer leur profession en exil, connaissent un rapport au travail insatisfaisant. Dès lors que l'activité professionnelle n'a plus l'ancrage historique qui lui donne son sens, elle perd sa dimension politique.

J'ai fait du journalisme en Algérie, j'en fais en France. Ici, tu as de plus grands moyens, ton travail est mis en valeur sur le plan technique. Mais, ici, je ne sens pas la résonance sociale de mon métier que j'avais en Algérie. À Alger, j'avais l'impression que ça servait à quelque chose. Ici, j'ai l'impression que j'écris pour 15 personnes qui vont se demander : « Tiens, qu'est ce qu'il a écrit cette semaine ? » (M. Met, né en 1952, rédacteur en chef d'un journal, installé à Paris depuis 1994, journaliste et écrivain.)

Souhaiter avoir de la « résonance sociale », c'est espérer participer au devenir de la société, contribuer à façonner son histoire et être reconnu comme un acteur essentiel de ce processus. C'est pourquoi, l'amoindrissement de ce pouvoir d'influence est vécu comme un véritable déclassement social. D'autres regrettent plutôt leur statut social en tant que tel. Ils sont nostalgiques d'un mode de vie lié à un milieu professionnel particulier. Ce statut, inhérent à leur profession, leur assurait une reconnaissance tant au niveau familial qu'à l'échelle de la société toute entière, à partir des avantages économiques qu'elle leur procurait. La perte du statut fragilise les fondations autour desquelles se constituait leur identification sociale. La reconnaissance acquise s'effrite. Le déclassement annule la possibilité de renvoyer l'image qu'ils souhaitent donner d'eux-mêmes et dans laquelle ils se reconnaissent.

> *On ne peut pas être réellement bien ici quand on est médecin spécialiste et qu'on se retrouve en sciences infirmières. [...] J'estime que je suis lésée, frustrée. Je vis avec toute sorte de sentiments comme ça. Mais je m'y suis faite, je sais que, sans leurs diplômes, je ne pourrai pas avoir de travail honorable. Enfin, tous les travaux sont honorables, mais je veux dire un travail convenable, surtout quand tu as un certain nombre d'études, tu aspires à plus. Là bas, j'étais médecin, spécialiste, c'était une image de marque. Quand tu arrives à l'hôpital, on t'appelle « Docteur ». Mon mari était directeur d'une société nationale, il avait un chauffeur, une secrétaire... Tes parents sont fiers de toi. Moi, je suis issue de la classe moyenne et je faisais la fierté de ma famille. Et puis maintenant je leur téléphone et je leur dis que je vais être infirmière, c'est terrible !* (Mme Khadija, née en 1957, médecin, installée à Montréal depuis 1993, formation d'infirmière.)

Le déclassement social implique des ruptures concrètes de relations personnelles, faute de moyens. Ainsi, les exilés doivent apprendre à vivre dans des conditions matérielles d'existence jusque là inconnues. Cet apprentissage ne va pas soi.

> *Il a fallu apprendre à vivre avec moins de moyens et c'est dur. Même pour acheter des chaussures, je choisis les moins chères et pourtant je me dis c'est stupide, une paire de chaussures de bonne qualité tiendra plus longtemps qu'une mauvaise. À Alger on allait au moins une à deux fois par mois au restaurant, on ne se posait pas ce genre de questions.* (Mme Nskina, née en 1950, professeure, installée à Paris depuis 1994, à la recherche d'un emploi.)

En raison de leurs nouvelles conditions matérielles, ils sont contraints de fréquenter des lieux et des milieux sociaux qui leur étaient étrangers en Algérie. C'est le cas par exemple de Mme Khadija, médecin, qui, tout au long des trois mois où elle travailla dans une garderie, ressentit un profond mal-être. Elle nous expliquait la difficulté qu'elle avait à communiquer avec ses collègues car, lui semblait-il, tout un monde les séparait. Les conversations et les préoccupations de ses collègues lui paraissaient très éloignées des siennes.

> *Quand je travaillais à la garderie, j'étais coupée de la réalité, je vivais au jour le jour. L'association de médecins m'a ouverte au monde. J'ai rencontré des gens avec qui je partageais des choses. Comment te dire, on se comprenait. Ce n'est pas essentiel, mais c'est bon pour la personne d'être dans son milieu social. Ce sont des gens qui vivent les mêmes choses que toi, quand on est avec quelqu'un du même niveau intellectuel que toi, on se comprend mieux. Avec une secrétaire de direction, je peux parler mais ce n'est pas la même chose.* (Mme Khadija, née en 1957, médecin, installée à Montréal depuis 1993, formation d'infirmière.)

Le chômage induit également des initiations douloureuses, plus particulièrement celle qui consiste à apprivoiser un temps vide de travail. Le temps d'avant l'épreuve était un temps scandé et socialement maîtrisé. L'apprentissage d'une temporalité où le travail n'a plus de place et d'une temporalité propre à la société d'installation, nécessite des ajustements difficiles.

> *Ici, au chômage tous les deux, en tête-à-tête, on était désarticulé. On flottait, sans repères. La première année, c'était comme un rêve ou un cauchemar. C'est très difficile, car on a toujours travaillé, on ne prenait pas de vacances, toute l'année on travaillait en costume, cravate. Ici, c'est tout le contraire, on se retrouve le matin à se lever et on n'a rien à faire, rien n'est programmé ni pour la journée, ni pour la semaine, ni pour le mois. Alors, on lisait, on allait à la bibliothèque, on s'occupait, on regardait la télévision. C'était une espèce de cauchemar et on se demande comment on a pu rester une année comme ça. On était devenu prisonnier du temps.* (M. Ben, né en 1945, médecin spécialiste, installé à Montréal depuis 1997, formation d'infirmier.)

Privés de leur statut professionnel, ces exilés mettent en avant des identifications qu'ils conjuguent à la négative. « *Ici, comment te dire....* - nous disait M. Issam- *Je me sens de moins en moins journaliste.... Avant, j'étais toujours considéré comme journaliste, ici, je ne suis rien.* » Le déclassement social est perçu comme la fin d'un monde et le début d'un autre dans lequel ils ont le sentiment de ne pas exister. La perte de la visibilité sociale est vécue dans des termes douloureux, elle renvoie à deux univers : l'un, plein, l'Algérie, l'autre, vide, l'exil, dans lequel ils ont le sentiment d'être transparents.

> *En Algérie, j'étais médecin, c'étaient les meilleures années de ma vie. Là-bas, j'étais un acteur social, ici, je suis un anonyme. Je faisais beaucoup de choses, j'essayais en tout cas. J'avais une situation que je*

n'ai plus. Les soucis matériels n'existaient pas, alors que maintenant ils sont devenus un des mes plus grands soucis. (M. Bibène, né en 1945, médecin, installé à Paris depuis 1994, consultant.)

Le manque de reconnaissance fait émerger les sentiments de discrédit, de perte de confiance et de dévalorisation. L'accumulation des déceptions, consécutives à des trajectoires professionnelles précaires et chaotiques, fragilise la confiance des exilés en leur propre capacité. Elle contribue à renforcer une dynamique de l'échec. M. Mouma raconte avec beaucoup d'amertume la succession de ses déboires.

> *Je suis arrivé et j'ai vécu une série d'échecs, je ne sais pas ce que ça va donner. Ça fait très longtemps que je n'ai pas gagné quoi que ce soit. Le permis de conduire, j'ai même échoué. J'ai essayé de trouver du travail, ce n'est pas possible. Le seul petit boulot que j'ai eu, je ne me suis pas entendu avec les Québécois. Ici, je me sens exilé, je ne me sens pas bien, je suis vraiment étranger et je pense d'ailleurs que je n'ai pas envie de devenir citoyen. Je vais peut-être recommencer les études, parce que je ne sais pas faire de l'argent. Ça ne plaît à personne mais... Ce qui me reste, c'est m'endetter encore plus, mais je m'en fiche.* (M. Mouma, né en 1966, journaliste, installé à Montréal depuis 1997, à la recherche d'un emploi.)

Les exilés ne parviennent pas à faire le deuil de leur profession. Comme pour s'en persuader eux-mêmes, ils réaffirment dans leur discours leur détermination à réintégrer leur milieu professionnel. « *Ma priorité, c'est l'affirmation de moi. Je n'ai rien fait, je n'ai pas fait de livres. Il faut que je m'affirme. Éliminer mes dettes* », affirmait M. Issam, comme s'il se parlait à lui-même. « *Je ne veux plus faire de petits boulots minables, ça me tue, je veux trouver dans mon domaine. Je suis très mal, c'est dur et déprimant. Il faut que je me remette, que je reprenne contact avec le milieu* », confiait M. Ali sur le même ton.

Pour conserver l'estime d'eux-mêmes, certains trouvent auprès de personnes venues dans les mêmes conditions qu'eux, des lieux de réconfort où ils ne ressentent pas la nécessité de prouver ce qu'ils sont. Mais ces espaces sont aussi des lieux de la nostalgie où ce qui se joue a davantage de rapport avec le passé qu'avec le présent. C'est le cas, par exemple, de M. Zem, journaliste en Algérie, devenu vigile à Paris, qui retrouve chaque soir des compatriotes dans un petit café de Ménilmontant. Après une journée à surveiller de potentiels voleurs, il redevient au café, à ses yeux et aux yeux des autres, le journaliste qu'il était.

> *J'essaie parfois de me discipliner, il m'est arrivé de m'enfermer chez moi pendant un mois et de ne plus répondre au téléphone, mais ce n'est pas une solution. Si, pour régler mes problèmes de famille, il faut que je vive chez moi, que je reste à la maison, que je ne voies personne, c'est pire encore, je vais devenir encore plus exilé. Là, au moins, au café, je respire. Je respire quand je sors voir les gens. Mais ça aussi c'est une vie un peu factice. On sait tous qu'on est mal de ne pas être là où on voudrait être, de ne pas faire ce qu'on voudrait faire. On se console mutuellement, on passe nos journées, on parle, on parle. Même si je suis bien en France et que, culturellement, je ne suis absolument pas déphasé, je n'y arrive pas.* (M. Zem, né en 1952, rédacteur adjoint d'un journal, installé à Paris depuis 1991, vigile.)

Cultiver la mémoire de l'Algérie, jusqu'à considérer le quotidien comme une suite d'« *excursions* », permet de se préserver.

> *Mais, sincèrement, si ce n'est pas un problème qui m'intéresse dans mon travail, je m'intéresse très peu à ce qui se passe en France en termes de mouvements sociaux. J'ai l'impression que si je m'y intéressais, j'aurais perdu un peu... J'ai peur, alors il faut toujours que je sois dans cet espace que je me suis construit dans lequel seuls mes amis algériens peuvent rentrer. Avec mes amis français, je vis avec eux dans un autre espace. Quand je les rencontre, je ne suis plus dans cet espace, je suis dans une sorte d'excursion, je peux les rencontrer, passer un après-midi, ensuite je retourne très gentiment et avec beaucoup de satisfaction et de joie dans mon univers. [...] Je suis en exil, mais je ne suis pas perdu, parce que j'ai réussi à construire mes repères après les deux premières années où je n'en avais plus, où j'étais resté à la maison replié sur moi-même, parce que je n'avais pas réussi à déplacer avec moi mes repères dehors. Maintenant, j'y arrive, et ça me permet de me construire mon propre espace et, sincèrement, on a l'impression que tout ce qui est autour est transparent pour moi. C'est horrible, non ? J'apprécie le paysage, j'adore aller me promener à la campagne en France, c'est un très beau pays, mais quand je regarde, j'ai l'impression que c'est une sorte de film. À la limite, je pourrais être en Algérie, parce que dans la voiture j'ai de la musique algérienne. Mais il y a quelque chose qui fait que je n'ai pas l'impression d'être dedans, mais plutôt de regarder ça de l'extérieur, c'est ce qui me sauve.* (M. Bibène, né en 1945, médecin, installé à Paris depuis 1994, consultant.)

Vivre sur le mode de la nostalgie au point qu'elle devienne enfermement témoigne des difficultés à vivre dans la société d'installation, comme si le fait que l'on s'intéresse à la société d'installation signifiait que l'on s'éloigne de l'Algérie.

L'« exil conjugal »

L'épreuve n'est jamais la rupture d'un seul monde et finit toujours par atteindre les autres mondes de l'individu éprouvé. Les études menées sur les expériences vécues des épreuves montrent qu'elles influencent inévitablement la relation conjugale. L'individu, confronté à l'incertitude de ses identifications et investi dans une relation conjugale, engage inévitablement son partenaire dans la traversée de l'épreuve. Les études sur les ruptures professionnelles l'illustrent bien. Serge Paugam, par exemple, a analysé les liens qui existent entre les différents types d'intégration professionnelle et leurs effets sur les relations de couple[1]. Ainsi en est-il également de l'épreuve de la retraite qui, comme l'a montré Vincent Caradec, constitue une « rupture identitaire »[2]. Ce moment délicat de la carrière conjugale forme le prisme autour duquel le sociologue analyse les processus de reconstruction identitaire nécessaires pour « devenir retraité, [et] redevenir conjoint ». À la manière dont Vincent Caradec évoque la « retraite conjugale », on peut parler d'un véritable « exil conjugal » pour ces exilés.

L'exil conduit la famille, le couple et les enfants à l'apprentissage de nouvelles manières d'être ensemble. Vivre dans un espace privé constitue l'un d'eux. Il s'agit en exil, de trouver la « bonne distance conjugale »[3]. En Algérie, les exilés étaient partagés entre les obligations familiales et professionnelles qui rendaient les occasions de face-à-face assez rares. De plus, la famille prenait une place importante. Tout en adoptant un modèle de famille nucléaire, nos interviewés étaient intimement insérés dans des réseaux familiaux très

---

[1] PAUGAM Serge, *Le Salarié de la précarité*, op. cit. Cf. plus particulièrement le chapitre 8 intitulé : « La famille à l'épreuve de la précarité », p. 291.
[2] CARADEC Vincent, *Le Couple à l'heure de la retraite*, Presses universitaires de Rennes, 1996.
[3] Vincent Caradec consacre un article à cette notion. Cf : « Le problème de la "bonne distance" conjugale au moment de la retraite », *Revue Française de sociologie*, volume XXXV, 1994, pp. 101-124.

présents dans leur quotidien[1]. Le foyer des parents était un lieu amplement investi par les couples. Ils y faisaient garder leurs enfants, s'y réunissaient à l'occasion des fêtes ou pour discuter de choix importants. En exil, ils doivent faire face à une privatisation de leur vie familiale et apprendre à vivre recentrés sur la vie conjugale.

> *En plus, on n'avait jamais vécu ensemble. Cette nouvelle situation, ça te pose des problèmes à l'intérieur du couple. C'est terrible parce que, d'habitude, chacun fait sa vie et là on s'est retrouvé à s'occuper l'un de l'autre. On était là, tous les deux. Ça a été un moment très difficile.* (M. Kamaï, né en 1952, informaticien, installé à Montréal depuis 1996, consultant en informatique.)

> *C'était très dur. On ne se voyait jamais en Algérie. Là, on se retrouvait tous les deux face à face, toute la journée, seuls. Ça a été très dur. D'abord, moi, je me suis rendue compte qu'on ne se connaissait pas. On ne se connaissait pas dans une maison, dans un appartement... Ça a été très dur.* (Mme Rabi, née en 1954, professeure, installée à Montréal depuis 1994, aide comptable.)

Certains exilés ont le sentiment de découvrir un nouveau visage de leur conjoint, plus particulièrement les femmes. Vincent Caradec souligne le même phénomène au sein des couples retraités. L'épreuve de la retraite est l'occasion de la « redécouverte du conjoint », note-t-il, car la « retraite peut être d'abord l'occasion de développer un nouveau comportement, jusque là insoupçonné, et jugé condamnable »[2]. Dans le cas de l'exil, des femmes nous ont raconté que leurs maris devenaient plus vindicatifs. Faisant figure, en Algérie, de conjoints libéraux, ces maris perdent cette qualité en exil. En Algérie, ils acceptent que leurs femmes investissent l'espace public, mais la

---

[1] Ces réseaux familiaux ne sont pas spécifiques à l'Algérie. Ils comportent néanmoins une singularité : ils sont centrés autour du ménage des parents. Cf. LAHOUARI Addi, *Les Mutations de la société algérienne. Famille et lien social dans l'Algérie contemporaine*, op. cit. L'auteur analyse le réseau familial algérien de la sorte : « Sa densité est fixée par le volume de la descendance mâle et sa durée de vie est celle de l'un ou l'autre des deux parents encore en vie. L'intensité des relations à l'intérieur du réseau est à souligner, se manifestant par le versement régulier d'un pécule aux parents, par le recouvrement de diverses factures (téléphone, électricité, eau...), par l'avis déterminant que donnent les fils sur les différents événements familiaux (mariage de la sœur ou du frère, voyage à la Mecque, achat d'appareil électroménager nécessitant une grosse somme etc.) » (p. 56).
[2] CARADEC Vincent, *Le Couple à l'heure de la retraite*, op. cit., p. 35.

société imposait inéluctablement des limites à cette liberté. En exil, une telle liberté n'est plus la preuve de l'ouverture d'esprit de leurs maris. Face à cette perte de pouvoir, des époux se trouvent démunis devant la nouvelle condition qui leur est faite. Ce sentiment de désarroi se traduit parfois par de l'agressivité.

> *Lui qui n'avait jamais été autoritaire avec moi, il le devenait. Par exemple, si je range la cuillère dans le tiroir, subitement il décide que je ne dois pas la mettre là, et il se met à crier. C'était complètement nouveau, des crises pour des broutilles. [...] En Algérie, il était cadre dirigeant, et tant qu'il avait de l'ascendant sur ses ouvriers et ses secrétaires, ça allait. Maintenant, il y a une perte pour lui à ce niveau-là, donc...* (Mme Malak, née en 1955, universitaire, installée à Paris depuis 1994, maître de conférences.)

Le face-à-face conjugal peut être une expérience difficile lorsque les conjoints ont vécu de longues séparations. C'est le cas, par exemple, de M. Balil, professeur, qui quitte l'Algérie en 1994 à la suite des menaces qui pèsent sur lui en raison de ses activités militantes. Il part s'installer seul à Montréal, souhaitant obtenir le statut de réfugié pour ensuite régulariser sa situation et faire venir sa famille. La première fois que nous l'avons rencontré, il paraissait très soucieux et nous confiait qu'il ne pourrait recouvrir la sérénité que lorsque son épouse et ses enfants l'auraient rejoint. Trois ans plus tard, nous le rencontrons une seconde fois. Sa famille l'a rejoint à Montréal, mais le couple s'est séparé. L'éloignement leur a été fatal.

> *Ça a été très difficile quand la famille a été réunie. D'abord au niveau du rapport qu'on avait tous les deux, il y avait certains problèmes de communication parce que ce que l'on a vécu chez nous et ce que l'on vit ici c'est tout à fait différent. Et comme moi j'avais vécu deux ans complètement loin d'eux, c'est comme si j'avais développé d'autres réflexes, d'autres modes de vie, plein d'autres choses et c'était très difficile de les communiquer.* (M. Balil, né en 1958, enseignant, installé à Montréal depuis 1994, employé.)

Il est des cas où l'exil fait ressurgir des malentendus déjà rencontrés en Algérie mais que la vie quotidienne avait fait passer au second plan. L'exil réactualise douloureusement ce passé. Par exemple, Mme Safi déplorait la soumission de son conjoint aux membres de sa famille installés en France. Cette sujétion lui rappelait la manière dont il s'y soumettait, en Algérie, lors des premières années de leur mariage. La raison principale de son mariage, fut de se libérer de la tutelle familiale. Elle choisit d'épouser un « camarade » militant, espérant que leur proximité politique la protègerait du poids des traditions. Or, au début de leur vie commune, ses « copines et copains » militants investissaient souvent l'appartement du jeune couple, trop au goût de son conjoint qui craignait que ces rencontres et la liberté qui s'y manifestait ne choquent sa famille. C'était là l'objet de leurs fréquentes disputes. Le problème ne se posa plus quand ils déménagèrent, pour des raisons professionnelles, loin d'Alger. La distance géographique aidant, l'influence de la belle-famille diminua. Mme Safi continua à militer dans son entreprise où elle s'engagea activement dans des activités syndicales. Menacée en raison de ses activités politiques, elle dut quitter l'Algérie avec sa famille. L'exil fut d'abord envisagé de manière provisoire, mais son mari insista pour qu'ils restent en France et elle se soumit à sa décision. Les premiers mois de l'exil, ils logèrent chez des membres de la famille de son époux installés dans la région parisienne depuis les années soixante-dix. Mme Safi s'entendit mal avec sa belle-famille qui voulait lui imposer une hiérarchie à laquelle elle refusait de se plier. La tante de son époux ne cessait de lui reprocher d'être trop souvent à l'extérieur. M. Safi donna raison à sa tante. Mme Safi ne lui pardonna pas de se soumettre comme il l'avait fait au début de leur mariage. Leurs relations redevinrent conflictuelles. Lors de notre deuxième rencontre, Mme Safi projetait de divorcer.

> *Nos relations avec mon mari commençaient à se détériorer. Lui, il se soumettait à l'oncle et à la tante et moi je refusais. J'avais refusé ça en Algérie, je n'allais pas l'accepter en France ! Il a même dit à sa mère de me parler ! J'ai piqué une crise, mon mari est reparti seul en Algérie pour ramener nos affaires. J'ai pu avoir un logement, donc mon mari venait passer la nuit. C'était la rupture totale entre nous deux. Il est devenu jaloux. Il n'y avait plus de relations entre nous, il n'avait jamais été comme ça en Algérie. Je faisais des missions, je passais des nuits dans des hôtels et il n'y avait aucun problème. Pour moi, c'était inadmissible qu'il se soumette. Ici, on n'avait plus rien à partager à l'exception des enfants. Quand j'ai eu le logement, je me suis dit que j'allais l'envoyer balader, mais je ne voulais pas qu'on dise que je l'avais laissé tomber dès que j'ai eu un logement.* (Mme Safi, née en 1957, cadre, installée en France depuis 1994, à la recherche d'un emploi.)

L'exil impose des ajustements au sein de la famille, dramatisés par le déclassement social. Les femmes évoquent systématiquement les difficultés de leur conjoint à vivre la remise en question de leur statut professionnel. Elles élaborent un discours sur le déclassement social des hommes alors que de tels propos chez les hommes sont plus rares. Elles dressent un portrait sexué des manières de vivre l'épreuve du déclassement et rationalisent l'attitude de leur conjoint à travers une grille d'interprétation culturaliste. L'empreinte culturelle, selon elles, fragilise les hommes plus que les femmes face au déclassement. Par conséquent, elles « *comprennent* » leur mari et adoptent une attitude empathique jusqu'à faire passer au second plan leur propre souffrance.

> *Pour les hommes, c'est terrible ! Ne plus commander, pour eux, c'est terrible. C'est une histoire de pouvoir pour eux. C'est avoir un petit ascendant sur quelque chose qui est important, et puis aussi avoir de la visibilité sociale.* (Mme Malak, née en 1955, universitaire, installée à Paris depuis 1994, maître de conférences.)

> *C'était pour mon mari que c'était très dur, il devait faire une croix sur sa situation et, chez nous, un homme sans boulot... Et puis ce n'est pas un flemmard ! En Algérie, il passait ses journées à bosser si bien que c'était moi qui m'occupais des gosses, qui allais les chercher et qui faisais les courses. C'est quelqu'un qui se donne entièrement à son boulot. Souvent, pendant la semaine, il ne voyait pas ses gosses. Maintenant qu'il travaille en dehors de Paris, il part tôt et il rentre tard mais c'est mieux, je préfère ça plutôt que de le voir comme avant à tourner dans la maison, à déprimer. À l'époque j'avais du courage parce que si ça avait déteint sur moi... Pour lui je pense que le travail était plus important que le salaire, le fait d'être inactif alors qu'il est plein de ressources. D'ailleurs, pendant son inactivité, il écrivait et lisait sur son domaine. Il fallait qu'il me demande de l'argent pour les cigarettes, pour tout et ça c'était le pire pour lui. Moi, je suis une femme et je n'en demande pas. Quand on s'est connu je travaillais ; quand on s'est marié, j'avais mon argent. Dans notre culture, c'est dur pour un homme de demander de l'argent. Je me demande où j'ai trouvé toute cette force, parce qu'il faut dire ce qu'il en est, chez mes parents, j'étais une fille gâtée. J'ai réussi à assumer au moment où il l'a fallu. [...] Il faut toujours qu'il y en ait un qui se sacrifie.* (Mme Nskina, née en 1950, professeure, installée à Paris depuis 1994, à la recherche d'un emploi.)

Ces femmes sont prêtes à des sacrifices pour adoucir l'affront que subit leur conjoint. Néanmoins, l'empathie a des limites et ne dure qu'un temps. Pour que la détresse du conjoint n'entache pas l'estime personnelle qu'on lui porte, l'élaboration d'un projet à deux est nécessaire. Les couples qui réussissent à traverser l'épreuve du chômage en exil sont ceux qui ont négocié explicitement les rôles de chacun au sein de la famille. En revanche, lorsque le couple n'a pas élaboré un projet d'insertion à deux, les risques de mésentente s'accroissent. L'empathie devient amertume et parfois même rancœur. Le renversement des statuts, lorsqu'il n'est pas négocié entre les deux partenaires, fragilise la relation conjugale. L'élaboration d'un projet commun est une condition nécessaire à la pérennité du couple rendue plus impérative lorsque le conjoint fait l'expérience du chômage.

Les maux de l'exil

La baisse de l'estime de soi a des répercussions sur plusieurs dimensions de la vie des exilés, elle va parfois jusqu'à les atteindre dans leurs propre corps. Nos entretiens sont pleins de ces pathologies de l'exil où se mêlent découragement et angoisse.

Des corps en souffrance

Les ruptures successives, inhérentes à l'épreuve de l'exil vont parfois jusqu'à affecter la santé des exilés[1]. C'est ainsi que nombre d'entre eux ont évoqué des périodes de dépression et de longs moments d'apathie, de tristesse et de repli sur soi. Alain Ehrenberg définit la dépression comme une maladie dans laquelle domine le sentiment d'insuffisance, le « déprimé est un homme en panne ».[2] C'est de la sorte que se perçoivent les exilés.

> *La journée, je dormais, j'arrivais à dormir. Je pleurais, j'ai pleuré quand même pendant au moins toute la première année. Dès que mes filles prenaient l'autobus scolaire, je pleurais, jusqu'au moment où je voyais l'autobus revenir. Je te jure, je pleurais tout le temps. Je dormais et je pleurais.* (Mme Rabi, née en 1954, professeure, installée à Montréal depuis 1994, aide comptable.)

---

[1] Voir à ce propos l'ouvrage de MOOREHEAD Caroline, *Cargaison humaine. La tragédie des réfugiées,* Albin Michel, 2006. Se référer plus particulièrement au chapitre 8 : « La maladie de l'exil ».
[2] EHRENBERG Alain, *La Fatigue d'être soi,* Paris, Poches Odile Jacob, 1998.

Ce faisant, l'exil définit des fragilités successives qui se traduisent par de l'angoisse, des insomnies et une grande nervosité. Le déclassement social et l'inactivité sont vécus comme des menaces qui détruisent petit à petit la personnalité.

> *Tu sais, l'exil, ça a changé énormément de choses au niveau de ma personnalité. Avant, j'étais quelqu'un de très calme et j'écoutais plus que je ne parlais. Maintenant, je suis très nerveuse, tu vois là, je n'arrête pas de parler. C'est comme si, après les premières années ici où j'ai été presque recluse, je voulais me rattraper. C'est incroyable comme ça a changé énormément de choses dans mon caractère.* (Mme Khadija, ne en 1957, médecin, installée à Montréal depuis 1993, formation d'infirmière.)

Ce mal-être s'approfondit lorsque les exilés sont soumis à l'incertitude juridique. L'indétermination engendre un stress qui s'incarne par des maux physiques (maux de tête récurrents, fatigue, insomnie etc.). Voir son destin conditionné par l'obtention ou non de papiers revient à vivre l'existence en liberté conditionnelle. Cette idée est apparue avec force dans le discours de Mme Noura. Militante dans une association féministe et au Rassemblement Démocratique pour la Démocratie (RCD), elle reçoit des lettres de menace qui la contraignent au départ. Arrivée en France, elle procède à une demande d'asile territorial. Le statut juridique qui lui est accordé borne son séjour aux convocations à la préfecture pour renouveler un statut qui ne lui permet pas l'accès au travail. Pour décrire sa situation, elle évoque la métaphore du condamné à mort.

> *Ici, mon angoisse, c'est quand je vais à la sous-préfecture et qu'on me renouvelle ma carte de séjour. J'ai l'impression d'être un condamné à mort en sursis, qu'on prolonge, et je ressens ça quand le jour du rendez-vous approche. C'est affreux !* (Mme Noura, née en 1966, universitaire, installée à Paris depuis 1999, à la recherche d'un emploi.)

Les propos font écho à ceux des sans-papiers tels qu'ils sont restitués dans les travaux de Nathalie Ferré[1]. En analysant les « mécanismes généraux de production de l'irrégularité », l'auteure souligne les limites fragiles qui distinguent les « réguliers » des

---

[1] FERRÉ Nathalie, « La production de l'irrégularité », in FASSIN Didier, MORICE Alain, QUIMINAL Catherine (sous la dir.), *Les Lois de l'inhospitalité. Les politiques d'immigration à l'épreuve des sans-papiers*, Paris, La Découverte, 1997, p. 58.

« irréguliers ». Le passage de l'une à l'autre catégorie est facile. L'expérience des Algériens le montre. Soumis à l'incertitude juridique, ils sont dépendants de statuts précaires qu'ils risquent toujours de perdre. Il suffit que le prochain rendez-vous à la sous-préfecture connaisse une issue malheureuse pour qu'ils se retrouvent plongés dans l'illégalité. La méconnaissance des procédures est la source d'un stress difficile à vivre. C'est cette même angoisse que soulignent Didier Fassin et Alain Morice, qui émerge de l'« ignorance » des individus sur les processus qui mènent à leur régularisation. L'« ignorance » doit être entendue hors de toute signification péjorative, « il s'agit d'une ignorance créée et entretenue, dont le principal objet est celui qui fait achopper même les individus les plus éclairés : le droit et son application. Ici, au contraire, et par le fait d'une politique délibérée, l'éclairement est à son minimum »[1]. Le stress engendré par l'incertitude de l'avenir fait naître chez les exilés, comme chez les sans-papiers, le sentiment d'un déni d'existence, celle d'une « perte d'identité », qu'elle soit réelle ou symbolique. Faute de reconnaissance, ces exilés ne se reconnaissent plus.

> *On est mal, on est dans la « mal vie », c'est un truc d'inachevé, qu'est-ce qu'on doit faire ? Je réfléchis tellement à ça que je m'abrutis dans d'autres domaines. J'oublie énormément de choses, j'ai l'impression que je me suis arrêtée. C'est bête ce que je vais vous dire Myriam, mais j'ai l'impression d'avoir régressé. Je ne sais pas si ça se passe comme ça pour les autres, mais j'ai l'impression d'avoir régressé dans tout. Je me souviens* (elle se met à pleurer)*, un jour, les enfants n'étaient pas là et j'ai dit à mon mari : « J'aimerais redevenir moi, comme j'étais avant ». J'ai l'impression d'avoir perdu mon moi, mon ego, je trouve que j'ai changé en mal, dans ma physionomie, dans mon savoir-faire.* (Mme Sofia, née en 1952, assistante sociale, installée à Montréal depuis 1997, à la recherche d'un emploi.)

Ces exilés perdent pied au point d'avoir mené des actions qui, rétrospectivement, les déconcertent. M. Issam se souvient de la déréliction à laquelle l'a conduit son départ. Menacé, il s'installe en France en 1994, laissant derrière lui sa conjointe et son enfant. Il vient en France avec une grosse somme d'argent qui doit lui permettre de s'installer. Le manque de repères et le sentiment de solitude l'amènent

---

[1] FASSIN Didier, MORICE Alain, « Les épreuves de l'irrégularité : les sans-papiers, entre déni d'existence et reconquête d'un statut », in SCHNAPPER Dominique (études réunies par), *Exclusions au cœur de la cité*, Paris, Anthropos, 2001, p. 294.

à fréquenter un monde interlope où il se perd en même temps qu'il perd son argent.

> *Je sortais chaque soir au Danton à Odéon, je ne pouvais pas rester seul. D'abord, ma chambre, je la détestais, car je commençais à avoir un sentiment de culpabilité, je veux dire, partir en me disant que la petite famille pouvait être décimée par un groupe de... À une heure du matin, tout le monde rentrait retrouver leurs petites amies et moi je commençais à détester ma chambre d'hôtel chez mon cousin. Il y avait une petite boîte de nuit à Odéon, j'achetais la compagnie des gens, j'achetais deux bouteilles par semaine, des choses comme ça. Je ne me rendais pas compte, et à un moment ça s'est terminé, je n'avais plus d'argent. J'ai vraiment reçu une gifle je me suis dit : « Il faut que cette ville m'avale ». Et j'ai voulu tâter de tout et pour te dire, je suis même allé dans un club d'échangistes. Les choses que je ne connaissais pas il fallait que je les expérimente, j'avais envie de tout savoir. Je me disais : « Personne ne m'aime », j'étais en déficit d'amour.* (M. Issam, né en 1960, journaliste, installé à Paris depuis 1995, à la recherche d'un emploi.)

Le temps altéré

L'enquête montre combien les projets sont révélateurs des conditions d'existence des exilés. Ceux dont l'expérience est proche du type de *l'exil subi* évoquent leur difficulté à se projeter dans l'avenir. L'exil a constitué une telle rupture qu'elle leur interdit des projections futures. Leur perception du temps apparaît comme extrêmement contingente, comme si tout pouvait être bouleversé et que plus rien ne pouvait être maîtrisé.

> *En ce moment, on n'est pas dans la possibilité de faire des choix à long terme. On n'est pas dans la précarité, parce qu'on a une maison, un travail, mais ça vient comme ça, on ne sait pas ce qui va nous arriver. On était chez nous, on travaillait et on a été obligé de partir. On est devenu comme des nomades dans nos têtes.* (Mme Allal, née en 1963, journaliste de télévision, venue à Paris en 1995, employée dans une imprimerie.)

> *Je ne me pose pas trop de questions quant à l'avenir, parce que l'avenir je n'y crois pas. J'y ai cru et maintenant je me dis : « Tout est au jour le jour ». Je n'ai plus envie de me faire d'illusions. Je ne sais pas où je serai dans dix ans.* (Mme Nskina, née en 1950, professeure, installée à Paris depuis 1994, à la recherche d'un emploi.)

Dans le cas de l'incertitude juridique, le temps du doute s'étend à l'ensemble de la vie en exil et annihile, chez certains, toutes velléités de se projeter dans la société d'installation. L'incertitude empêche de mobiliser les forces pour une intégration dont les efforts consentis n'ont aucune certitude d'être effectivement reconnus. Par exemple, tant que sa situation reste incertaine, Mme Noura ne voit pas de sens à faire l'effort pour réintégrer son milieu professionnel.

> *Je ne suis pas en contact avec des gens qui ont le même parcours que moi, je ne sais pas ce qu'il est advenu d'eux. Est-ce qu'on me donnera l'équivalence, est-ce qu'on me donnera un job ? Ça voudrait dire que j'ai les pieds ici, car travailler dans le domaine de l'enseignement, c'est avoir un pied quelque part. J'ai encore rendez-vous le 10 mai [à la sous-préfecture], mais c'est toujours l'angoisse.* (Mme Noura, née en 1966, universitaire, installée à Paris depuis 1999, à la recherche d'un emploi.)

Cette difficulté à formuler des projets est à la mesure de la difficulté à maîtriser l'épreuve. En nous inspirant des travaux de Daniel Mercure, on peut affirmer que les Algériens dont l'expérience est proche de l'*exil subi* se situent dans une perspective d'avenir de « conservation »[1]. À partir d'une enquête qualitative auprès de 102 hommes et femmes de milieux différents, l'auteur analyse leur appréhension du temps à travers une typologie à deux termes : « la perspective d'avenir de conservation » et la « perspective de conquête ». Les individus dont l'expérience est proche du premier type éprouvent un fort sentiment de crainte et d'insécurité devant les lendemains jugés incertains et menacés. On est à la recherche d'un point d'appui ou encore on tend à solidifier un présent fragile et incertain ; à assurer le maintien de ses actuelles conditions d'existence ou encore à éviter une plus grande détérioration de celles-ci »[2]. Ceux proches du second type « ne voient pas ce qui, dans un avenir proche ou même éloigné, pourrait remettre sérieusement en question leurs actuelles conditions d'existence, lesquelles leur apparaissent à bien des égards largement assurées »[3]. Les premiers ont des horizons temporels peu étendus : « On se débat avec le présent, l'actuel ; on tente de se délivrer de la pression de celui-ci. »[4] Ce qui les caractérise c'est « à la

---

[1] MERCURE Daniel, *Les Temporalités sociales*, Paris, L'Harmattan, 1995, p. 86.
[2] *Ibid.*, p. 87.
[3] *Ibid.*
[4] *Ibid.*

fois l'absence relative de maîtrise du présent, du moins en pensée, au niveau des représentations »[1]. Les horizons temporels des seconds sont plus étendus : « Le présent est un point d'appui solide à partir duquel on peut concevoir l'ambition de conquérir un présent autre dans un avenir plus ou moins éloigné. »[2] Ce qui les caractérise, c'est une certaine maîtrise du temps. Les Algériens connaissent une perception du temps qui s'apparente à la « perspective de conservation ». Ils peinent à formuler des projets, soit qu'ils les renvoient uniquement au temps de leur vieillesse, soit que les seuls projets formulés soient les plus improbables et les plus contradictoires. Une telle perception du temps est plus exacerbée encore pour ceux soumis à l'incertitude juridique.

> *J'essaie de régler mes journées, je donne des cours de soutien, j'ai demandé lors de la réunion de travail avec les femmes* [elle évoque une association culturelle berbère], *de me donner des choses à faire qui m'occuperont dans la journée. Ça me donne une raison d'être, je me sens utile. Ça me donne l'impression de tuer le temps, alors que le temps est en train de me tuer.* (Mme Noura, née en 1966, universitaire, installée à Paris depuis 1999, à la recherche d'un emploi.)

L'incertitude juridique conduit à ne donner sens au présent qu'à partir d'un passé vécu sur le mode de la nostalgie. La principale violence de la loi est celle qui consiste à les priver d'un sens de l'existence. C'est ce rapport au temps qui rend difficile le dépassement de l'épreuve. L'incertitude juridique condamne les exilés au présent, leur interdit le futur et leur concède un passé qui ne se décline plus qu'en termes de regrets. Mme Aïtou nous expliquait qu'elle avait vécu pendant trois ans « *au jour le jour* » et qu'elle n'avait commencé à envisager l'avenir que lorsque son statut juridique fut assuré. Les jours mis bout à bout n'avaient pas d'autre épaisseur que celle de son inquiétude. Lorsque le destin est déterminé et qu'il s'annonce malheureux, les seuls projets séduisants sont ceux qui consistent à « revenir en arrière ». Ces individus expérimentent un rapport au temps malaisé comme s'ils « rappelaient le passé, pour l'arrêter comme trop prompt »[3]. M. Zem, qui à l'époque de l'enquête avait

---

[1] *Ibid.*
[2] *Ibid.*
[3] BOURDIEU Pierre, *Méditations pascaliennes, op. cit.*, p. 302.

perdu tout espoir d'exercer sa profession de journaliste en France, nous décrivait son projet fou de revenir en arrière.

> *Mon projet, il est derrière, il n'est pas devant, c'est ça le drame, mon projet, c'est revenir en arrière, retrouver mon statut, mon travail. Moi, j'étais grand reporter, je sortais, je rencontrais du monde, ici je suis grand rien du tout ! Je ne suis pas reporter, je ne vois personne, je ne vois que les mêmes personnes toute la journée et je ne veux même pas sortir de ça parce que, dès que tu sors, il faut de l'argent. J'aurais bien aimé aller me balader, j'ai bien envie d'aller passer une semaine chez les paysans en Bourgogne pour essayer de comprendre leur vie, pour l'écrire. Mais, où est le support ? Où je vais écrire ça ? Je ne suis pas journaliste, j'ai perdu mon métier, donc, si je veux redevenir quelqu'un, redevenir moi-même, il faut que je reparte en arrière.* (M. Zem, né en 1952, rédacteur adjoint d'un journal, installé à Paris depuis 1991, vigile.)

La difficulté à se projeter dans l'avenir se révèle dans la formulation même des projets qui embrassent un temps très éloigné sur lequel les exilés ont peu de prise. Le projet le plus récurrent est celui du retour à l'Algérie. Le « mythe » du retour tel qu'il est souvent mentionné dans la littérature sur les populations migrantes n'est pas systématiquement le signe de conditions d'existence difficiles. Anna Vasquez remarque que ce projet fut souvent formulé par les réfugiés chiliens. Ces derniers appréhendent l'exil, du moins pendant les premières années, comme « une 'vie entre parenthèses', un temps en dehors de la vraie vie, celle qui se passe là-bas, au pays »[1]. D'après l'auteure, cette façon d'envisager l'exil leur permettait de vivre moins douloureusement les difficultés rencontrées en France. Dans ce cas de figure, le mythe du retour n'interdit pas d'autres projets. En revanche, pour nos exilés, le projet de retour apparaît comme le seul projet formulable. Il ne constitue pas un horizon protecteur qui permet d'amoindrir la douleur de l'exil, mais il est conçu comme la seule alternative au présent douloureux. Les projets sont parfois contradictoires, c'est en cela qu'ils semblent improbables ; ils traduisent davantage le mal-être des exilé, qu'une véritable projection dans l'avenir.

---

[1] VASQUEZ Ana, ARAUJO Ana Maria, *Exils latino-américains : la malédiction d'Ulysse. L'histoire des exilés latino-américain*, Paris, L'Harmattan, 1988, p. 33.

> *Ici, je n'ai pas d'amitié et je ne peux pas vivre sans amis, j'ai toujours eu des amis. Ici, c'est le culte de l'argent. Ici, c'est comme une parenthèse, je compte partir en France. Je ne sais pas... Quand les enfants seront grands, je ne sais pas, oui, je veux partir!* (M. Ali, né en 1953, réalisateur, installé à Montréal depuis 1994, à la recherche d'un emploi.)

Ils ont le sentiment d'être enfermés dans une situation inextricable pour plusieurs raisons. D'abord se pose la question des enfants qui grandissent et s'acculturent à la société d'installation. M. Zem, qui ne rêve que de retourner en Algérie, se sent cerné par l'exil : « *Le problème, c'est qu'ici on est englué ! Mon fils est né ici et c'est un Français. Si tu lui demandes : 'Tu es Algérien ?' Il te répond : 'Non, je suis un Français'.* » Le retour en Algérie est compromis en raison de la difficulté que les exilés anticipent lorsqu'ils envisagent la réintégration dans leur milieu professionnel après de longues années d'absence. Enfin, le retour en Algérie semble irréalisable quand les projets des conjoints ne se rejoignent plus. Retourner en Algérie signifierait alors l'éclatement du couple.

> *Et ma femme qui ne voulait pas venir au départ, maintenant, elle ne veut plus retourner en Algérie parce qu'elle sait la galère qu'il y a là-bas. Si je ne divorce pas, je suis condamné à rester ici, je ne peux plus y retourner. Je ferai des allers et retours et c'est tout.* (M. Issam, né en 1960, journaliste, installé à Paris depuis 1995, à la recherche d'un emploi.)

L'intériorisation d'un destin malheureux en France s'exprime par le vocable « immigré ». Devenir un immigré, c'est s'inscrire dans l'histoire déjà jouée d'une immigration algérienne en France avec tout ce qu'elle comporte de misérabiliste dans l'imaginaire collectif.

> *Quand je suis parti, j'étais en exil, j'ai toujours pensé que c'était temporaire et que je rentrerai un jour. Je me rends compte, aujourd'hui, les années s'accumulant... Progressivement, je me suis senti cerné par l'endroit où je vis. Je suis obligé maintenant de me dire, je ne suis plus un exilé, je suis un immigré. Maintenant, je vis ici. Je n'ai jamais voulu ça et je me trouve vivant ici.* (M. Zem, né en 1952, rédacteur adjoint d'un journal, installé à Paris depuis 1991, vigile.)

Pour eux, le sentiment est grand d'avoir peu de prise sur le futur. Les plus âgés envisagent l'avenir de manière angoissée jusqu'à parfois ressentir profondément le sentiment de leur finitude. Dans ce cas de figure, ils ne voient plus de sens à élaborer des projets de construction personnelle. Seule la perspective de la réussite de leurs enfants rend l'exil supportable.

L'analyse de l'exil montre combien le rapport au temps est une dimension cruciale pour comprendre l'expérience vécue des épreuves[1]. Les exilés proches de l'expérience de *l'exil subi*, expérimentent ce que Pierre Bourdieu désigne comme « l'expérience sociale des hommes sans avenir » en ce sens que, comme ces hommes, « le lien entre le présent et le futur semble rompu [...] [et] les projets complètement décrochés du présent et immédiatement démentis par lui »[2]. La difficulté à s'approprier la rupture provoquée par l'exil et la réticence à accepter leurs nouvelles conditions d'existence rend la maîtrise du temps difficile. Ce rapport au temps contrarié n'est pas sans incidence sur le sens même de leur existence. Ces exilés ne réussissent pas à insuffler de la continuité par-delà l'épreuve. Ils ne parviennent pas faire de ces deux mondes, l'avant et l'après exil, une seule et même histoire.

---

[2] BOURDIEU Pierre, *Méditations pascaliennes, op. cit.*, p. 262-263.

DEUXIÈME PARTIE
L'EXIL ASSUMÉ

Cette partie retrace le cheminement des exilés qui vivent l'épreuve de l'exil dans un horizon plus heureux. Ces Algériens dont l'expérience est proche de *l'exil assumé,* réussissent à s'approprier la rupture et à maîtriser ses implications et ses effets[1]. Comme pour la première partie de l'ouvrage consacrée à *l'exil subi,* nous avons construit ce type idéal à partir des dimensions qui caractérisent l'exil : la *signification du départ,* l'*insertion professionnelle,* le *rapport aux installés* et le *rapport à soi.*

Les exilés proches de *l'exil assumé* s'approprient la décision du départ en lui donnant le sens d'un projet. Dans certains cas, l'installation dans un pays étranger se présente comme l'occasion de renouer avec un rêve ancien. Le départ peut être également l'aboutissement logique d'une rupture déjà amorcée en Algérie. En France, l'intégration professionnelle est « satisfaisante » jusqu'à prendre, parfois, la forme d'une épreuve surqualifiante. Au Québec, cette insertion s'apparente plutôt à une épreuve de compétition. Les exilés s'engagent dans une « carrière d'immigrant », à l'issue de laquelle ils estiment affronter le marché de l'emploi à armes égales avec les *installés*. Dans les deux sociétés, le rapport aux *installés* prend des formes spécifiques, en dépit des logiques communes pour se différencier de la figure de l'« immigré ». En France, c'est la proximité avec la culture française qui est mise en avant. Au Québec, en

---

[1] Dans la même logique que le chapitre précédent, ce second chapitre sera exclusivement consacré aux exilés dont l'expérience est proche du type de *l'exil assumé.*

revanche, les exilés nourrissent une certaine reconnaissance à l'égard des *installés* (systématiquement identifiés à des « Québécois »), qui n'implique pas d'affinités particulières pour autant. Enfin, ces exilés parviennent à préserver l'image qu'ils ont d'eux-mêmes, ce qui révèle une relative maîtrise de l'épreuve.

CHAPITRE 5
LE DÉPART COMME PROJET

> « *On s'est demandé quel était le projet réaliste auquel on pouvait s'accrocher qui pouvait s'équilibrer entre le désir de rentrer et tirer le maximum de profits ici. Le projet, c'était, je pense qu'on ne l'a jamais exprimé comme ça, c'était de rester deux ans ou trois, avoir le passeport canadien, acquérir un diplôme ici. Ça a été quelque chose de mal formulé, mais qui tournait autour d'une échéance de deux ou trois ans. C'est ce qu'on conseille aux amis, de se fixer des objectifs à moyen terme.* » (M. Nassim, né en 1950, cadre supérieur, installé à Montréal depuis 1993, consultant international.)

> « *C'est à partir de 89 que j'ai commencé à penser de façon claire que je n'allais pas élever ma fille là-bas. C'est incroyable, concrètement toutes mes actions étaient pour une vie là-bas, je cherchais à m'installer dans un nouvel appartement, j'ai engagé de l'argent, matériellement tout était organisé pour une vie là-bas ! Mais dans mes fantasmes, ma fille, je ne l'élevais pas là-bas.* » (Mme Malak, née en 1955, universitaire, installée à Paris depuis 1994, maître de conférences.)

Pour les exilés des années quatre-vingt-dix, c'est essentiellement la contrainte qui définit le sens du départ. Ceux dont l'expérience est proche de l'*exil subi* ont le sentiment que la décision de quitter l'Algérie leur échappe. L'exil est conçu comme un arrachement qui rend difficile l'élaboration de projets. C'est en ce point que diffèrent les expériences des individus proches du type de l'*exil assumé*. Si le départ est aussi conçu comme une contrainte, ils parviennent malgré tout à lui donner un sens positif. Pour certains d'entre eux, l'exil est l'occasion de légitimer un départ dont ils rêvaient plus jeunes. Pour d'autres, la succession de ruptures amorcées en Algérie fait du départ le résultat d'un cheminement individuel. Autant d'indicateurs qui traduisent un relatif détachement par rapport à leur collectivité d'origine. Ces exilés ne se perçoivent pas comme les victimes d'une situation qui leur échappe, mais réussissent à s'approprier la décision du départ.

Les projets

Des exilés nous ont confié le désir, nourri dans leurs plus jeunes années, d'une vie à l'étranger. C'est plus particulièrement le cas de ceux qui ont mené leurs études supérieures dans un pays étranger. Une fois leur diplôme obtenu, ils sont retournés en Algérie, sans hésitation, concevant le retour comme un devoir patriotique, alors que d'autres ont longuement hésité. C'est le cas de M. Bène qui, en 1962, l'année de ses dix-huit ans, décide de poursuivre ses études supérieures en Suisse. Il raconte avec exaltation ses « *cinq années de bringue en Suisse* » où il a fait « *l'expérience de la liberté* ». Il expérimente pour la première fois la vie dans une société « *qui n'avait aucun rapport de type colonial avec l'Algérie, avec notre mentalité* ». Tout en poursuivant ses études, il a l'opportunité de travailler dans un domaine pour lequel il se prend de passion. À l'issue de son séjour, il fait face à un choix difficile : rester ou partir. Sous la pression familiale, il décide de rentrer et se convainc qu'il assume son devoir. L'intégration en Algérie est difficile ; s'il obtient un poste intéressant sans difficulté, il souffre néanmoins du manque de liberté et rêve de partir. Les années passent, il se décide à « *rentrer dans le rang* » et finit par accepter l'idée de rester en Algérie. À l'instar de M. Bène, les personnes qui furent un temps tentées par une vie à l'étranger se sont installées en Algérie sous la pression familiale. Leur place dans la fratrie imposait un rôle à jouer. Elles s'y sont soumises, entendant la voie des « pères » comme celle de la sagesse. C'est le cas de Mme Boiheda, radiologue, exilée à Montréal depuis 1998. Installée à Oran, où elle vivait avec sa mère et ses frères, elle menait des études brillantes dont elle garde un souvenir heureux.

> *J'avais neuf ans quand mon père est mort. Ma scolarité s'est déroulée le plus normalement possible. Je viens d'une famille d'intellectuels, des universitaires du côté de mon père et de ma mère. Ma mère a été enseignante avant son mariage. Comme je te l'ai dit, mes frères sont tous universitaires, donc on toujours beaucoup parlé dans ma famille.*

> *Les études, c'était important. J'ai eu mon doctorat de médecine générale en 1985 sans problème et j'ai commencé ma spécialité en travaillant. L'université, c'étaient les plus belles années de ma vie ! C'était à Oran, après la mort de mon père, on est tous rentré à Oran. J'ai évolué là-bas. Oran, c'est un peu la vie espagnole, j'avais ma bande de copains et de copines, on étudiait, on s'amusait, c'était la bonne époque !* (Mme Boiheda, née en 1960, radiologue, installée à Montréal depuis 1998, inscrite à l'université.)

Malgré sa « vie à l'espagnole », elle nourrit le rêve de continuer ses études à l'étranger pour y tenter sa chance. Elle a même l'opportunité de poursuivre sa spécialité au Canada grâce à une bourse qui lui est attribuée. Mais, elle ne se sent pas le droit de partir : aînée de la famille, elle est investie d'un rôle auquel elle ne peut échapper. À la fin des années quatre-vingt, quand la situation sociale et économique algérienne se dégrade, l'aspiration au départ ressurgit dans son esprit.

> *Le mode de vie avait changé. On ne pouvait plus rentrer tard le soir. On ne pouvait plus voyager en voiture. Je prenais des cours d'anglais, je rentrais à huit heures et ma mère était morte d'inquiétude ! C'était une vie qui était très perturbée. On se sentait prisonnier. Les Algériens devenaient une menace pour les étrangers et les visas étaient coupés. Même si je n'avais pas envie de sortir, le fait de te sentir prisonnière, psychologiquement, c'est difficile. À chaque fois qu'il y avait des événements, on se disait chaque fois... On se voyait déjà porter le* hijab, *être sous le joug de personnes qui te disent quoi faire et comment faire. Donc, chaque année on se disait « On s'en va », mais « Où s'en aller ? » Ce n'était pas évident.* (Mme Boiheda, née en 1960, radiologue, installée à Montréal depuis 1998, inscrite à l'université.)

C'est une lettre de menace reçue à son bureau qui rend urgente la décision de partir. Elle procède alors à une demande d'immigration pour le Canada. Sa mère et ses frères, inquiets pour sa vie, acceptent l'idée qu'elle s'exile. La conjoncture en Algérie confère de la légitimité au départ, moins perçu comme un désir d'émancipation individuelle que comme le résultat d'une forte contrainte. En quittant l'Algérie, elle ne se soustrait pas à la solidarité familiale, elle échappe à des menaces.

> *Quand j'ai eu la réponse de l'Ambassade du Canada, je me suis dit "Ouf !" Mais ce n'est pas évident de quitter sa maison, de quitter son travail et d'aller vers l'inconnu. Ah ! Myriam, j'ai beaucoup pleuré.*

Car tu as beau être forte, c'est dur. Tu n'as pas tes repères, tu ne connais personne, c'est l'incertitude totale, tu es dans le néant. (Mme Boiheda, née en 1960, radiologue, installée à Montréal depuis 1998, inscrite à l'université.)

Le départ est difficile. Il n'implique pas seulement l'éloignement familial, mais aussi l'abandon d'une situation professionnelle réussie : « *Du point de vue argent, j'étais plus qu'à l'aise, j'avais ma voiture, mon appartement, je vivais en famille, on avait une grande maison, j'avais mon argent, mon cabinet. Du point de vue pécuniaire, j'étais très à l'aise.* » L'exil intervient dans un moment de sa trajectoire qui n'est pas propice au départ. Toutefois, par-delà ses affects douloureux, il se nourrit d'une dimension positive, libératoire, face à un quotidien devenu insupportable.

L'expérience de M. Ali est quelque peu différente, mais, pour lui-aussi, le départ est l'occasion de renouer avec un ancien rêve. À l'issue de ses études secondaires, il bénéficie d'une bourse pour poursuivre des études de cinéma en Russie. Heureux de l'opportunité, il s'envole vers la Russie tout en gardant en tête un rêve d'enfant : le Canada. À l'issue de sa première année d'étude en Russie, il profite de la période des vacances pour aller au pays de ses rêves.

Moi, je faisais mes études en Russie, à l'époque j'étais très aventurier. J'ai terminé ma première année, je suis allé travailler en Suède, et je me suis payé un billet, car j'avais une idée fixe : faire mes études de cinéma au Canada. C'était devenu un rêve. Je suis venu comme touriste à Montréal, j'avais une adresse d'un copain à Québec et il me dit : "Il n'y a pas d'études de cinéma au Canada !" À l'époque, c'était vrai. J'ai donc passé trois jours au Canada. [...] Je me suis finalement décidé de retourner en Russie, j'y avais une place pour étudier, une bourse. Je suis reparti. Quand je draguais en Russie, je disais toujours aux filles : « I love Canada countryside ». Et ce désir m'est resté. (M. Ali, né en 1953, réalisateur, installé à Montréal depuis 1994, à la recherche d'un emploi.)

Une fois ses études terminées, il s'installe en Algérie, comme réalisateur accompagnée de son épouse russe. Ce choix d'une conjointe étrangère marque déjà une relative rupture avec la tradition. Il nous décrit une vie confortable devenue difficile lorsque la situation algérienne s'envenime. Sans être directement menacé, M. Ali et son épouse supportent de plus en plus mal la vie en Algérie. Deux de ses amis partent s'installer au Canada et il se met à envisager un départ vers la destination dont il a toujours rêvé. Paradoxalement, c'est au moment où la situation en Algérie est la plus difficile qu'il rencontre un certain succès professionnel. Mais, poussé par son épouse très inquiète pour leur sécurité, il entreprend les démarches pour une demande d'immigration. La réponse est positive et la famille s'envole pour le Canada. La réalisation de cette aspiration ancienne a permis, au moins pour un temps, de les préserver de l'expérience de *l'exil subi*. Lors de notre première rencontre M. Ali nous racontait l'excitation de l'installation à Montréal. Un an après, il déchantait et répétait inlassablement l'écart entre ses chimères canadiennes et sa vie quotidienne à Montréal.

L'aisance matérielle

Les individus ne sont pas égaux devant l'épreuve, qu'il s'agisse de la prison, de la maladie, du chômage ou de l'exil. Les différences matérielles, mêmes si elles ne sont pas cruciales dans la manière de vivre l'épreuve, permettent d'en maîtriser les aspects les plus dramatiques. Disposer d'un pécule rend l'indétermination de l'exil moins redoutable. L'argent constitue une sécurité qui évite le recours à des aides (réseaux amicaux, politiques ou familiaux, aide sociale) et permet de préserver l'image de soi. C'est le cas de M. Nacy, maquettiste, et de son épouse, journaliste, tous deux exilés à Montréal. Le départ s'est imposé à eux, lorsque les journalistes ont commencé à devenir les cibles d'attentats.

> *La situation commençait à devenir dangereuse pour ma femme et puis aussi, deux copains se sont fait descendre. Un soir, je rentre à la maison et j'entends un coup de feu. Le lendemain, il y avait plein de flics dans la rue, c'était un jeune de 18 ans qui s'était fait tirer. J'ai regardé ma fille et je me suis dit : « Pas question que je laisse ma fille ici. »* (M. Nacy, né en 1958, propriétaire d'une entreprise d'infographie, installé à Montréal depuis 1997, infographe.)

À la suite de menaces proférées à l'encontre de sa conjointe, M. Nacy décide de quitter l'Algérie avec sa famille et entame une procédure d'immigration pour le Canada. Durant la procédure, la famille s'installe à Paris pour une durée de plus de six mois. Une fois la réponse positive du gouvernement canadien reçue, Mme Nacy part s'installer à Montréal avec sa fille tandis que son mari retourne à Alger pour régler ses affaires.

> *J'ai re-évacué mon ex-femme* [au moment de l'enquête, M. Nacy avait divorcé] *et ma fille. Je leur ai demandé de repartir, parce qu'il me fallait davantage d'argent et j'avais obtenu des contrats intéressants. Donc, je suis venu une semaine avant l'expiration du visa.* [...] *J'ai dissous ma boîte et j'ai confié mes clients à des amis. On est venu avec une réserve d'argent. En Algérie, j'avais mon propre appartement, je ne l'ai pas vendu ; c'est un médecin qui le loue, ça permet à ma famille d'avoir de l'argent en plus. Comme je suis arrivé avec une réserve d'argent, je disais à mon ex-femme qu'il fallait qu'on se repose. Depuis 93, je n'avais pas pris de vacances, donc je prenais les choses en dilettante. Je ne voulais pas commencer tout de suite le boulot ni rentrer dans le BS* [bien-être social]. *J'avais quand même un bon paquet d'argent 7000$. Mon ex-femme a commencé une formation en bureautique.* (M. Nacy, né en 1958, journaliste, propriétaire d'une entreprise d'infographie, installé à Montréal depuis 1997, infographe.)

Le pécule qu'il accumule facilite son installation à Montréal. De plus, il a pu garder son logement en Algérie, signe d'une certaine aisance matérielle, qui permet de maintenir un lien tangible avec le pays. À l'instar de la famille Nacy, des exilés ont espéré vivre entre l'Algérie et le pays d'installation. Le cas le plus fréquent est celui qui consiste à installer la conjointe et les enfants à l'étranger, tandis que le mari tente de maintenir son activité professionnelle en Algérie. Seules les familles les plus aisées peuvent élaborer de tels projets. C'est le cas de M. Tuboz, patron d'une entreprise d'informatique et marié à une femme de la bourgeoisie d'Alger. Après des études passées à Paris et aux États-Unis, ils s'installent tous deux en Algérie. L'entreprise de M. Tuboz est florissante, il nous décrit un mode de vie aisé, ponctué par de nombreux voyages en France.

> *Moi, je n'avais pas très envie de partir, on était dans une grande maison, on était véhiculé. Nous, on avait quatorze pièces et on était quatre. Ici, on a chacun notre pièce, mais je n'arrive pas à m'isoler. J'avais ma propre boîte, donc je gagnais bien ma vie, et puis il y avait la famille. C'était agréable je voyageais, j'allais une semaine par mois à Paris dans le cadre professionnel.* (M. Tuboz, né en 1951, ingénieur en informatique, installé à Montréal depuis 1994, à la recherche d'un emploi.)

Face aux bouleversements politiques des années quatre-vingt-dix, la famille décide de quitter l'Algérie. M. Tuboz ne ferme pas son entreprise. Il projette de faire des allers et retours entre Montréal et Alger, le temps que les enfants étudient. Le projet permet d'atténuer la rupture du départ qui n'est pas réellement consommée tant qu'il partage sa vie entre les deux pays. Mais, après un an d'un tel mode de vie, il réalise que son projet est difficilement réalisable. Avec le temps, le choix d'un pays s'impose. Perturbé par les fréquents voyages de son père, le fils aîné commence à faire des « bêtises » à Montréal. M. Tuboz, déchiré par le sentiment de culpabilité, décide alors de s'installer définitivement à Montréal.

> *Et puis, depuis un an, j'ai décidé de rester là. Professionnellement, c'est très fermé. J'avais une entreprise privée et j'ai continué à faire du business et ça faisait trop de va et vient pour des contrats qui ne valaient pas le coup de ces allers et retours. Finalement, mes enfants étaient mieux ici et ma femme aussi. L'arrivée n'était pas compliquée, j'avais un bon copain. Je suis venu en 94 et je suis resté deux semaines et, en avril, je suis revenu. Je n'ai pas vendu la maison. On n'était pas parti pour... ce n'était pas la coupure, il n'y avait pas de raisons pour couper complètement, c'était juste la situation qui était inconfortable. Je pense qu'il doit y avoir beaucoup d'Algériens qui sont partis dans cet état d'esprit et après ils se sentent coincés parce que... on s'installe, les enfants vont à l'école.* (M. Tuboz, né en 1951, ingénieur en informatique, installé à Montréal depuis 1994, à la recherche d'un emploi.)

Le maintien de l'activité professionnelle en Algérie constitue une « soupape de sécurité » et n'exclut pas la prospection d'un emploi dans la société d'installation. Lorsque nous avons rencontré Mme Takil, elle était établie à Montréal depuis un an, tandis que son mari retardait son installation en faisant des allers et retours entre les deux pays

> *Pour l'instant, mon mari apprécie Montréal, mais c'est parce qu'il sait qu'il va retourner encore en Algérie. Je ne le vois pas en train de rester une année de chômage à la maison. Ça, effectivement, j'espère qu'on n'aura pas à le vivre. Tu sais, je ne le vois pas dans ce genre de choses, parce qu'il a toujours été très actif, et puis il n'est pas à un âge où on trouve facilement du travail. Il va falloir peut-être... Il va peut-être falloir encore qu'il continue, parce qu'il n'a pas d'expérience dans d'autres pays que l'Algérie. Il va lui falloir encore... Donc, si tu veux, je suis assez libre, moi, de prendre du temps, de reprendre une formation qui me permettra d'avoir un boulot, etc. Et puis, lui, à ce*

> *moment-là, il sera plus libre, il pourra prendre son temps pour trouver un emploi ici, ce sera moins... Ça l'angoissera moins. Ça angoisse, toujours mais...* (Mme Takil, née en 1961, cadre supérieure, installée à Montréal depuis 1998, projette de s'inscrire à l'université.)

Les allers et retours sont possibles pour les individus les plus aisés, mais surtout, ils dépendent du type d'emploi des exilés. Seuls ceux qui travaillent de manière indépendante, ou les propriétaires de leur propre entreprise, peuvent réaliser un tel projet.

L'avenir des enfants

Les parents ont évoqué l'inquiétude qu'ils nourrissaient pour l'avenir de leurs enfants en Algérie. Situation classique qui, dans le cas présent, est redoublée par la volonté de préserver les enfants de la violence. En outre, tous n'ont pas formulé cette inquiétude comme le facteur déterminant du départ. Ceux qui l'ont fait ont évoqué l'exil en termes de projet : assurer l'avenir de leurs enfants en les préservant de toute régression, économique, culturelle ou sociale. À l'issue de leurs études, ils se sont engagés dans des carrières professionnelles qui s'inscrivaient dans une trajectoire de mobilités ascendante. Ils redoutaient que leurs enfants, ne parviennent à poursuivre la trajectoire dont ils avaient eux-mêmes bénéficié. La réforme qui bouleversa tout le système d'enseignement et qui remettait en cause leurs propres valeurs de référence posait le problème de l'avenir scolaire et professionnel des enfants.

> *Pour soi-même, on peut se contenter de ce qu'on a, et puis nous, il faut dire que, même en Algérie, nous étions francophones. Étant diplômés, on était assuré d'avoir un travail. On pouvait même se permettre de changer de travail. Tu vois, il n'y avait aucune difficulté matérielle, je veux dire. Pour les nouveaux diplômés de l'université algérienne, l'histoire est tout autre. C'est complètement autre chose. Qu'est-ce que tu veux qu'on attende de mieux pour nos enfants ? C'était tout à fait pour les enfants qu'on est parti. Tout à fait ! Entièrement et vraiment à cent pour cent. Parce que nous n'avions pas vraiment de problèmes. Et je lui dis : « Je préfère que tu sois parti à 13 ans, je ne voudrais que tu aies à refaire à mon âge ce que je dois faire maintenant, c'est-à-dire retourner à l'université. »* (Mme Takil, née en 1961, cadre supérieure, installée à Montréal depuis 1998, projette de s'inscrire à l'université.)

Ce qui est en cause, c'est la place de la langue française[1]. Jusqu'à la veille de l'avènement de « l'école fondamentale », la langue française avait le statut de langue de référence, – langue de la culture et de la reproduction culturelle. Elle permettait l'accès à des études prestigieuses (médecine, sciences, technologie) et à de hautes responsabilités. La politique d'arabisation et la création de l'école fondamentale lui ont fait perdre son prestige.

> *Mon fils aîné ne parlait que le français quand il était plus petit. Tous mes enfants ont été scolarisés en français au lycée Descartes. On a eu d'ailleurs de gros problèmes avec l'école car on ne voulait pas mettre le petit à l'école fondamentale et c'est là que se sont mis à pulluler les écoles privées où les enfants avaient un enseignement bilingue. Mais ça, c'est un autre débat. Le problème de l'école rend dingue quand on a des enfants. C'est une des nombreuses calamités.* (M. Ben, né en 1945, médecin spécialiste, installé à Montréal depuis 1997, formation d'infirmier.)

Les valeurs enseignées à l'école sont l'objet, elles aussi, de toutes les inquiétudes, car elles diffèrent de celles qui sont en usage dans le milieu familial. Mme Nassi, qui se définit comme une « musulmane laïque », se rappelle avec colère la manière dont se déroulait l'enseignement religieux donné à ses enfants.

> *Ce qui me mettait hors de moi, c'est le regard sur l'Islam qu'on a inculqué à mes enfants à l'école. Regard que j'ai essayé de rectifier à la maison et je n'ai pas réussi. L'islam que je connaissais, qui a été inculqué par mes grands-parents. Ma grand-mère qui ne parlait pas un mot de français, ma grand-mère qui était très tolérante, c'était un islam posé, pas un islam conquérant. […] Les derniers temps à Alger, c'étaient les gens qui priaient dans les bureaux, c'était écœurant ! Ce qui me faisait de la peine, c'était la vision de l'islam de mes enfants, j'étais en porte à faux par rapport à la vie quotidienne, par rapport à l'école. Avant, c'était le respect des parents. À l'école, on leur apprenait l'irrespect des parents. Si les parents n'étaient pas croyants ou ne faisaient pas la prière, il ne fallait pas les respecter. C'était devenu difficile d'élever les enfants, c'était un conflit de valeurs.* (Mme Massi, née en 1947, universitaire, installée à Paris depuis 1991, professeure des écoles.)

---

[1] Cf. le numéro de la revue *Réflexions*, « L'école en débat », Alger, Casbah Éditions, 1998.

Pour tous ces parents, l'école qu'ils ont connue a constitué un espace de découverte et le moyen de leur ascension sociale. Ils ne se retrouvaient pas dans le nouveau système scolaire imposé à leurs enfants. Nombre d'entre eux refaisaient la classe à la maison. D'autres, à la suite de l'interdiction faite aux Algériens de fréquenter les écoles françaises, ont inscrit leurs enfants au Centre National d'Enseignement à Distance. Ces réactions n'ont pas suffi à dissiper la crainte d'une marginalisation de leurs enfants confrontés à la contradiction entre l'éducation familiale et l'éducation scolaire.

> *C'est sûr qu'au début, moi je parlais beaucoup français, puis dès qu'elles ont commencé à aller à l'école et tout, c'était fini. Mes filles ne m'appartenaient presque plus, tu sais ! Elles parlaient l'arabe, mais elles ne parlaient pas l'algérien. Elles étudiaient l'arabe, mais elles n'étudiaient pas l'algérien. Il n'y avait rien de commun, si tu veux. L'histoire qu'elles avaient appris, ce n'était pas l'histoire que moi je connaissais. C'était vraiment des étrangères, je te jure ! J'avais peur qu'avec mes filles, on devienne vraiment des étrangères. Je ne pouvais pas faire des jeux de mots avec elles ou parler des fables de La Fontaine. Moi, ce n'était pas de ma faute d'avoir reçu cette culture, parce que c'est une culture finalement qu'on peut dire française ! Je n'ai rien choisi dans le fond.* (Mme Rabi, née en 1954, professeure, installée à Montréal depuis 1994, aide comptable.)

Certains de nos interviewés interprètent l'exil comme un sacrifice dans les deux dimensions que recouvre le terme : celle du renoncement – le renoncement à sa propre carrière professionnelle et à un statut social valorisé – et celle de dévouement pour le bonheur de leurs enfants. L'exil interprété sur le mode du sacrifice permet de maintenir une image de soi positive.

> *On a fait venir les enfants un par un, on a payé très cher, mais il fallait sauver les enfants. Il a fallu tout recommencer on n'avait plus 20 ans, la vie professionnelle, les enfants : on a assumé un tas de contraintes à un prix très fort. Maintenant, on est engagé tant que le petit n'est pas encore à l'université. Tant que les enfants ont encore besoin de nous, on doit rester là. Tout ça m'a appris à vivre au jour le jour.* (Mme Nskina, née en 1950, professeure, installée à Paris depuis 1994, à la recherche d'un emploi.)

L'exil constitue une rupture imprévue dans « l'horloge des événements »[1], mais elle permet d'en prévenir une autre plus terrible : celle du roman familial qui, pour se perpétuer, doit se poursuivre ailleurs. La perception de la trajectoire sociale des exilés se confond avec l'histoire de l'Algérie : indépendance, construction de l'Algérie algérienne qui correspond à leurs années fastes, jusqu'au désastre du début des années quatre-vingt-dix. Le départ est alors perçu comme un moment nécessaire du destin de la famille qui recouvrera sa cohérence dès lors que les enfants intégreront un milieu professionnel valorisant et socialement reconnu. L'exil devient projet : l'épreuve n'apparaît pas comme le fruit d'une soumission à des conjonctures sociales et politiques dramatiques, mais comme une action tournée vers la réussite des enfants.

Les ruptures

Les migrations procèdent d'une rupture dont le déplacement d'un lieu vers un autre constitue le symbole. Pourtant, l'expérience de l'*exil assumé* montre que le départ est parfois le résultat d'une succession de ruptures amorcées en Algérie qui fait de ce départ le résultat d'un cheminement qui, de manière paradoxale, trouve dans l'exil, sa continuité et même son couronnement. Ainsi, la décision du départ, même si elle intervient à un moment inopportun, peut être le moyen de concrétiser des aspirations impossibles à réaliser dans l'Algérie des années quatre-vingt-dix.

Les ruptures professionnelles

Des exilés ont connu des ruptures professionnelles en Algérie. Certaines sont liées à l'échec de leurs projets de carrière, d'autres tiennent aux difficultés rencontrées au sein même de leur milieu professionnel. Jusqu'au milieu des années soixante-dix, les cadres perçoivent leur avenir professionnel de manière positive. Mais les dysfonctionnements qui apparaissent dans l'économie algérienne entravent la pratique du genre de vie auquel ils aspirent. À mesure que diminue l'importance des avantages matériels et symboliques susceptibles de compenser les difficultés au travail, la perspective de l'exil prend de l'épaisseur. La violence légitime le départ.

---

[1]NEUGARTEN B (1979) cité *in* ATTIAS-DONFUT Claudine, *Sociologie des générations. L'empreinte du temps,* Paris, PUF, 1988, p. 131.

Les universitaires ont également évoqué les contraintes liées à l'arabisation du système d'enseignement algérien. Moins à l'aise en arabe classique qu'en français, ils ont connu un sentiment de frustration, convaincus d'être moins compétents dans cette langue.

> *Depuis toujours je voulais être enseignante, les quatre premières années, c'était les années les plus heureuses de ma carrière. Pourtant, j'étais dans un lycée de garçons à Blida et j'ai connu pas mal de problèmes. On a voulu me muter, parce que j'étais une femme, je m'étais battue pour rester dans ce lycée de garçons. Je l'ai quand même vécu très mal l'arabisation, c'était 1974, j'étais inquiète. Je me disais : « Qu'est-ce que je vais faire ? » J'avais 27 ans. Après, j'ai eu l'impression de bricoler tout au long du reste de ma carrière professionnelle, c'était une énorme frustration sur le plan professionnel. J'ai dû me reconvertir, ce n'était pas un choix réel, car on me permettait de continuer à enseigner en arabe, mais je n'en avais pas la capacité. Il fallait que je me reconvertisse totalement. Je suis allée enseigner dans un institut qui continuait à enseigner en langue française. J'enseignais un cours de sciences sociales jusqu'en 80. Puis après, j'ai dû me reconvertir à nouveau, parce que l'enseignement lui-même... Au niveau de l'institut où je travaillais, on avait l'arrivée de jeunes qui ne maîtrisaient plus la langue française, ils étaient beaucoup plus arabophones, et c'est là qu'on sentait les effets de l'arabisation, et puis, on sentait les effets du système éducatif. Puis, en 91, deux ans avant d'arrêter, je n'en pouvais plus, ce n'était plus mon truc, ça devenait de l'alimentaire.* (Mme Aïtou, née en 1947, professeure, installée à Paris depuis 1993, chef de projet dans une marie.)

Les professeurs ont été confrontés aux effets conjugués de l'arabisation et de l'islamisation du système scolaire. Certains étudiants se servaient de l'alibi religieux pour remettre en cause la position et le savoir des professeurs.

> *J'enseignais la biologie. La dernière année, j'ai enseigné dans un grand lycée à Alger et il y avait des élèves de la Casbah et j'ai commencé à avoir quelques problèmes. Ce sont des détails, mais quand ils s'entassent, ça fait beaucoup. Une fois, j'ai demandé à un élève garçon de se mettre devant une fille et il me dit : « Non. » J'insiste, il ne veut pas. Je lui dis de sortir du cours et de m'attendre à la sortie pour discuter. Il n'est pas là, mais je croise un surveillant qui me dit que le proviseur veut me voir. Le proviseur me dit que l'élève est venu pour lui dire qu'il avait eu des problèmes avec moi, parce que je lui avais dit de s'asseoir à côté d'une fille. C'est pour ça que j'étais convoquée ! Le*

proviseur me dit que si un garçon ne veut pas s'asseoir à côté d'une fille, je n'ai pas à l'obliger. Il a dit aux étudiants de venir le voir s'il y avait un problème. Je dis au proviseur que c'est mon problème, que ça concerne ma classe et il me répond que je n'ai pas à obliger l'élève. Ça signifie que je n'ai plus d'autorité dans ma classe. (Mme Réni, née en 1963, professeure, installée en France depuis 1995, chanteuse.)

Jusqu'au milieu des années soixante-dix, ces individus percevaient de manière positive leur avenir professionnel. Mais les dysfonctionnements qui sont apparus dans l'économie algérienne ont entravé la pratique du genre de vie auquel ils aspiraient.

La marginalisation

Nous avons déjà ont évoqué les modifications surgies dans le mode de vie des exilés les années précédant leur départ. La violence qui sévissait en Algérie les a conduits à des réaménagements de leur vie quotidienne : repli sur la sphère familiale et liberté limitée. Progressivement, la montée de l'intégrisme et le changement des mentalités ont fait de l'Algérie un pays dans lequel ils ne se reconnaissaient plus. Ils sont nombreux à expliquer ce décalage par leur insertion spécifique en Algérie : scolarisation en français et professionnalisation réussie ont contribué à ce que les islamistes les confondent avec les détenteurs du pouvoir. L'exploitation de la dichotomie arabophone/francophone a réactivé la suspicion à leur égard. Ce groupe, qui amalgame des trajectoires individuelles en réalité fort différentes, a pris un sens particulier à la suite des évolutions politiques et sociales de l'Algérie. Mme Malak, universitaire, raconte avec beaucoup d'émotion la manière dont elle se sentit progressivement perçue comme une « autre », une « francophone », avec toutes les connotations négatives que recouvre le terme. Elle décrit le sentiment prégnant d'un exil intérieur qui ne pouvait s'achever que dans le départ.

Je commençais à sentir que je devenais une extraterrestre là-bas. Je m'aménageais une vie en marge, c'est-à-dire que j'allais travailler, mais je m'organisais pour ne pas à avoir beaucoup à évoluer à l'extérieur. En fait, je voulais une maison pour pouvoir travailler dans la maison et pour y passer beaucoup de temps. Je voulais mon mode de vie marginal tout en étant investie à la fac, au niveau des étudiants. J'étais

> *dans la vie de la fac, je me battais, je contestais, j'étais dans le comité scientifique. C'était la même chose au niveau politique du mouvement de femmes, mais sortie de quelque chose que je concevais comme militant, le reste, je me retirais. Je crois que c'est là qu'a commencé l'exil.* (Mme Malak, née en 1955, universitaire, installée à Paris depuis 1994, maître de conférences.)

Aïssa Kadri, dans un article sur les intellectuels Algériens, montre la validité de la comparaison des situations historiques coloniale et nationale. Il évoque la pérennité de l'équation culturelle algérienne qui se pose, selon lui, dans les mêmes termes avant et après la colonisation : « La division francophone/arabophone au fondement de cette équation traverse ainsi, depuis l'imposition du système scolaire français de l'Algérie contemporaine ; l'indépendance n'a pas été à cet égard une transformation de la nature de cette opposition, mais plutôt un approfondissement, qui va aller jusqu'à la rupture, des contradictions qui ont travaillé la formation et le développement de l'élite algérienne. »[1] C'est cette cassure que ressentent avec force les exilés.

> *Moi, j'étais une étrangère pour eux, je ne leur parlais pas, c'est ce qu'ils me reprochaient. Je ne veux pas parler à ces gens, car dès le matin, elles papotent, elles médisent, elles se crêpent le chignon. C'est une éducation qu'on a reçue, chez mes parents c'était comme ça, on recevait nos amis chez nous et on ne papotait pas avec tout le monde.* (Mme Nskina, née en 1950, professeure, installée à Paris depuis 1994, à la recherche d'un emploi.)

Jusqu'à la fin des années quatre-vingt, les effets de ces décalages se font peu sentir. Les espaces sociaux privilégiés qu'ils occupent, les préservent, au moins pour un temps, des contraintes inhérentes à la situation sociale qui se dégrade. Lorsque les meurtres d'intellectuels commencent, ils prennent conscience de manière brutale à quel point ils n'ont pas su évaluer la situation de leur pays.

> *Je dirai que notre génération, malheureusement, n'avait plus de place dans le pays, suite à sa formation. La nouvelle génération, ceux qui sont nés en 70, c'est différent, ils ne peuvent fonctionner que dans le monde arabe. C'est une véritable rupture. On n'avait plus de place.*

---

[1] KADRI Aïssa, « Intellectuels algériens : aux fondements de la division », in id., *Parcours d'intellectuels maghrébins. Scolarité, formation, socialisation et positionnement*, Paris, Khartala, 1999, p. 63.

(M. Nourdine, né en 1957, ingénieur, installé à Montréal depuis 1995, cadre.)

Pour souligner cette étrangeté, certains assimilent leur destin à celui des Pieds-noirs. Cette association peut paraître surprenante ; elle montre néanmoins la rupture qui s'est instaurée entre eux et la société algérienne. Pour ceux-là, le véritable exil a commencé en Algérie. Le départ s'inscrit dans le prolongement d'une rupture amorcée dans leur pays d'origine.

> *Nous, on est comme les Pieds-noirs, parce que c'est exactement la même chose, ils n'ont pas fait le choix de partir. Dans mon cas, par exemple, on ne peut pas du tout parler d'immigration, je n'ai pas choisi de venir, et puis, ce n'est pas à 38 ans que je vais aller m'installer en France. Je m'identifie aux Pieds-noirs, parce que ce n'est pas un choix qu'ils ont fait, ils ont été contraints de partir, car je suis sûre que s'ils étaient restés, ils auraient couru de grands dangers.* (Mme Noura, née en 1966, universitaire, installée à Paris depuis 1999, à la recherche d'un emploi.)

Ces exilés sont, en quelque sorte, socialisés à la rupture et à la différence au point de passer du statut d'étranger dans leur propre pays à un autre statut ailleurs, par-delà les frontières.

Les espoirs déçus

Les femmes ont plus particulièrement insisté sur les contraintes de la société algérienne dont elles ont senti le poids bien avant les années quatre-vingt-dix, au point que l'une d'entre elles nous a confié s'être toujours sentie étrangère : « *Je me suis toujours sentie marginale, j'étais une étrangère dans la société.* » Nourries par les espoirs des lendemains de l'indépendance, elles espéraient acquérir une plus grande autonomie avec l'acquisition d'un statut professionnel enviable. Leurs espoirs ont été déçus. La promulgation du Code de la famille, en 1981 a constitué la marque symbolique et juridique de la place qui leur était faite. Toutes ont éprouvé un sentiment de trahison très fort de la part d'un pouvoir qui était censé assurer leur promotion. Sommées d'adhérer par leur travail au projet moderniste de l'État, elles se virent privées de leurs droits élémentaires de citoyennes.

> *Tous les matins, tu penses au Code de la famille. Tu te réveilles, et tu te dis « Bon, pour l'instant je suis à l'abri de ce genre de problème ». Mais, j'ai à faire avec ça tous les jours, toutes les minutes, toutes les secondes. Toutes les cellules de mon corps ont à faire avec ce Code de la*

famille. Il était là. On a essayé de faire changer les choses, de faire bouger les choses. Mais moi, je disais c'est un Code qui a été fait par les hommes et pour les hommes, alors... » (Mme Rabi, née en 1954, professeure, installée à Montréal depuis 1994, aide comptable.)

Elles ont connu un lourd sentiment de frustration face à des aspirations contrariées. Mme Mina se rappelle la manière dont elle s'est appliquée à suivre une scolarité exemplaire sans, à aucun moment, remettre en question l'autorité paternelle ni son éducation stricte.

> *Mon mari est ingénieur en informatique. Moi, mon mariage était un mariage de raison, ce n'était pas une rencontre fortuite, c'était bien établi, bien structuré. Mais c'est comme si je l'avais choisi moi-même. Mes parents sont très conservateurs, on a eu une éducation stricte et si c'était à refaire je redemanderais cette éducation. Ils étaient stricts, donc pas de sorties. Pour aller à l'école, c'était quelques minutes avant l'entrée en classe. J'étais un peu étouffée, mais je n'ai jamais manqué de rien.* (Mme Mina, née en 1956, médecin, installée à Montréal depuis 1996, formation d'infirmière.)

Satisfaite de l'époux que sa famille lui a choisi, Mme Mina espère beaucoup de ce mariage. Assurée d'une situation sociale confortable et d'un statut social privilégié, elle souhaite mener une vie libérée des contraintes qu'elle connut jeune fille. Le mariage, dans son idéal, est perçu comme le chemin vers plus d'autonomie. Mais les choses ne prennent pas la route qu'elle souhaite. Elle s'installe avec son époux dans une petite ville des environs d'Alger où sa belle-famille les rejoint. Lorsque nous avons questionné Mme Mina sur les raisons de son départ, elle nous a d'abord évoqué l'insécurité qui régnait en Algérie, mais, plus avant dans la conversation, elle nous confiait que par-delà les conjonctures politiques, elle percevait l'exil comme le moyen de sa réalisation personnelle.

> *Parce que moi, vraiment je te déballe tout ce que j'ai sur le cœur, donc, j'ai vécu dans une famille très stricte, je n'avais pas droit aux sorties seule, ni copain, ni copine. Bref, j'ai espéré du mariage une vie épanouie, puisqu'on n'avait pas le droit de rencontrer des garçons. Donc se marier, c'était un petit peu l'épanouissement de la personne. Mais ça je ne l'ai pas trouvé. Quand je me suis mariée, je suis allée en voyage de noces, c'est tout ce que j'ai gagné un voyage ! Ensuite, quand je suis revenue, mes beaux-parents étaient chez moi. Ils étaient tous les deux*

malades et vieux, il fallait les prendre en charge. Ce ne sont pas les événements qui m'ont poussée à partir, je ne sais pas... Des fois, je me dis que je ne dois plus me poser de questions, parce que ça fait très mal, je me dis que c'est le destin. C'est vrai qu'on y est pour quelque chose, pour ce destin. J'ai passé dix années comme ça et je me disais si je reste ici, il y aura dix autres années qui vont se passer dans le même rythme, la même vie, la même mélancolie... Je pense que c'est tout ça qui a fait que j'ai pris la décision. (Mme Mina, née en 1956, médecin, installée à Montréal depuis 1996, inscrite à l'université.)

Ces femmes occupaient des emplois socialement valorisés et disposaient d'une plus grande liberté que l'ensemble des femmes algériennes. Pourtant, elles se sentaient prisonnières d'une société dans laquelle elles n'avaient pas la possibilité de s'épanouir comme elles le désiraient. Par-delà les bouleversements et les mises en question auxquels l'exil conduit, il leur laisse entrevoir l'espoir d'une émancipation individuelle.

Le départ pour les exilés dont l'expérience est proche de l'*exil assumé* tient davantage à une déception vis-à-vis d'un projet personnel qu'à une déception vis-à-vis d'un projet politique. S'ils sont passifs face aux transformations d'un pays qui n'appelle plus qu'au départ, ils s'affirment comme acteurs en se représentant comme les « passeurs » de leur statut social qui doit se transmettre, en exil, jusqu'à leurs enfants. En revanche, pour les exilés dont l'expérience est proche de l'*exil subi*, le départ est vécu d'autant plus tragiquement qu'il consacre l'échec de leur investissement politique. Ainsi, se creuse la différence entre ceux dont l'idéal se tourne vers des lendemains qui chantent et ceux dont l'idéal relève plus du projet personnel que de la transformation de la société. Ces derniers ne sont pas bercés de l'illusion de transformer la société d'origine pour pouvoir y vivre ; mais de vivre dans une société d'accueil qui leur propose des conditions d'existence proches de leurs aspirations.

CHAPITRE 6

LA « GRANDEUR » ET LA « PERFORMANCE »

> *« J'ai de la chance, car lorsqu'on écrit, on pose un autre regard sur vous. »* (M. Abou, né en 1948, rédacteur en chef d'un journal, installé à Paris depuis 1993, écrivain)
>
> *« Et qui s'enfuit ? C'est l'intelligentsia, parce que c'est la seule qui puisse s'en sortir partout. »* (M. Kamaï, né en 1952, informaticien, installé à Montréal depuis 1996, consultant en informatique)

La probabilité d'être proche de l'expérience de l'*exil assumé* est étroitement liée à l'intégration professionnelle dans les sociétés d'installation. Elle dépend des deux dimensions de l' « intégration professionnelle réussie » telle que la définit Serge Paugam : la « satisfaction » et la « stabilité » de l'emploi[1]. Lorsque l'une de ces deux dimensions est assurée, les chances de surmonter l'épreuve de l'exil sont plus grandes. La satisfaction de l'emploi permet de protéger l'image de soi. Elle autorise, même, parfois, à s'attribuer un surplus de valeur et de se transcender, puisque c'est par la reconnaissance de son statut que l'individu préserve son intégration professionnelle. La stabilité de l'emploi participe également à la maîtrise de l'épreuve, même si elle implique un déclassement social. En effet, lorsque l'emploi permet de se projeter dans l'avenir, les adversités de l'épreuve sont moins pénibles. Deux logiques spécifiques président à une intégration professionnelle réussie : en France, une logique de réseaux, non réductibles aux réseaux familiaux, s'impose en raison même de l'*incertitude juridique* à laquelle les exilés sont soumis ; au Québec, une stratégie pragmatique d'intégration, notamment la projection dans une « carrière d'immigrant ».

---

[1]PAUGAM Serge, *Le Salarié de la précarité*, Paris, PUF, 2001.

L'épreuve surqualifiante

Les effets conjugués de l'histoire et de l'*incertitude juridique* permettent de comprendre pourquoi certains exilés, plus particulièrement les intellectuels, interprètent l'exil en France comme une épreuve surqualifiante. Il faut y ajouter deux autres éléments : leur respect, qui peut atteindre la fascination, pour la culture française, et la considération qu'ils rencontrent de la part de nombre de leurs homologues français. Cette reconnaissance réciproque active les réseaux cruciaux pour atteindre à l'intégration professionnelle.

La grandeur consacrée de l'élite

L'importance des réseaux dans les processus d'intégration des exilés à Paris est forte du fait de leur précarité juridique. Cependant, s'ils sont nombreux (réseaux familiaux, militants, professionnels, solidarité), leur efficacité varie. La théorie des ressources sociales relative à l'action instrumentale élaborée par Nan Lin rend compte de leur efficience relative[1]. Cette théorie avance trois propositions. La première réside dans l'affirmation selon laquelle l'accès à de meilleures ressources sociales conduit à des actions instrumentales plus efficaces : « Aussitôt que l'acteur entre en relation avec un contact ayant des meilleures ressources sociales, ses chances augmentent de voir les ressources directes ou indirectes du contact l'aider à atteindre le but de son action instrumentale. »[2] Cette première affirmation est liée à deux facteurs : la « force de la position » et la « force des liens ». La « force de la position » découle de l'hypothèse que le niveau d'origine est lié aux ressources sociales acquises au moyen d'un contact. La « force des liens » est définie, à la suite des travaux de Granovetter sur les rôles des réseaux dans l'accès à l'emploi, par deux dimensions : les « liens forts », ceux qui caractérisent le cercle social intime des individus aux attributs semblables ; et les « liens faibles » qui définissent les relations peu fréquentes et périphériques entre des individus différents[3]. Nan Lin constate leurs effets distincts : ce sont les liens faibles, plus que les liens forts, qui donnent accès à de meilleures ressources sociales. Ces derniers procurent des relations avec des individus aux caractéristiques différentes « au-delà des

---

[1] LIN Nan, « Les ressources sociales : une théorie du capital social », *Revue Française de sociologie*, volume XXXVI, n° 4, 1995, pp. 685-704.
[2] *Ibid.*, p. 691.
[3] *Ibid.*

frontières du groupe social intime, donnant ainsi accès à des informations et à de l'influence inaccessibles par ailleurs »[1].

Les Algériens qui jouissaient, dans leur pays, d'une « force de position élevée » bénéficient des réseaux les plus efficaces composés, à la fois, de liens forts et faibles. C'est le cas de M. Met, rédacteur en chef d'un journal en Algérie. Très connu dans son pays et par ses homologues français, il a pu rapidement intégrer le milieu journalistique en exil, sans avoir à solliciter quelque solidarité. Il pouvait se le permettre, sa notoriété parlait pour lui.

> *Je connais des gens, mais c'est une chose quand tu connais des gens et que tu es bien installé, mais autre chose quand tu es en demande. Moi, je n'ai jamais demandé à mes amis qui étaient en France, à mes réseaux politiques ou journalistiques, parce que tout le monde savait quelle était ma situation et j'estimais que si les gens avaient à m'offrir quelque chose ou qu'ils avaient quelque chose à me proposer, c'étaient à eux de le faire. Je me suis basé sur la logique suivante : on savait ce qui m'arrivait, on savait dans quelles conditions, alors... Il y a eu des tentatives pour mettre en commun nos expériences mais ça n'a pas marché. Les gens se sont débrouillés individuellement ou alors avec des associations françaises, mais jamais en tant que groupe. Du moins, je ne l'ai jamais fait. J'avais peut-être la chance de ne pas avoir à parler beaucoup pour expliquer qui j'étais. Je n'avais pas besoin de... Donc, c'était plus facile pour moi que pour des jeunes journalistes pas très connus.* (M. Met, né en 1952, rédacteur en chef d'un journal, installé à Paris depuis 1994, journaliste et écrivain.)

Les premières années de son installation en France, M. Met se sent déclassé étant donné la valeur qu'il accorde aux journaux pour lesquels il travaille : « *Au début, j'ai fait essentiellement des piges, c'était bien payé, mais je l'ai vécu comme de la décadence dans mon statut de journaliste, c'était pour un journal municipal.* » Néanmoins, la possibilité de rester dans le milieu journalistique lui permet de préserver son identification professionnelle : « *Je fais partie de cette minorité d'exilés qui ont eu la chance de faire leur métier et pouvoir continuer à faire ce qu'ils ont toujours fait.* » Deux années passent, il a l'occasion de travailler pour des journaux prestigieux et s'engage dans l'écriture d'un roman et d'une pièce de théâtre. En Algérie, il a toujours souhaité écrire, mais l'état du marché éditorial conjugué à ses obligations professionnelles ne lui ont pas

---

[1] *Ibid.*

permis de réaliser cette aspiration. En France, ses écrits rencontrent un écho favorable. Il raconte, enthousiaste, les projets qu'il a pu y mener.

> *Depuis ton départ au Canada, j'ai fait beaucoup de choses. J'ai fait du théâtre et j'ai eu beaucoup de bonne presse. J'ai beaucoup travaillé, beaucoup bossé, beaucoup écrit en dehors de mon métier de journaliste, ce que je ne pouvais pas faire en Algérie parce que j'étais trop accaparé.* (M. Met, né en 1952, rédacteur en chef d'un journal, installé à Paris depuis 1994, journaliste et écrivain.)

À l'instar de M. Met, d'autres journalistes sont parvenus à mener des projets artistiques ou littéraires, impossibles à concrétiser en Algérie. Ce sont principalement ceux qui avaient une réputation bien établie dans leur pays, et qui avaient déjà collaboré avec leurs homologues français. Ainsi M. Abou, rédacteur en chef d'un journal, obtient une bourse du gouvernement français, en 1993, pour entreprendre une recherche sur un écrivain français. Son séjour en France doit être provisoire, mais l'idée de quitter l'Algérie germe dans son esprit. À l'issue de sa recherche, il publie un livre qui reçoit des critiques élogieuses. Au regard de la situation politique de l'Algérie et sous la pression de ses proches, il décide de rester en France. Sa nouvelle notoriété lui facilite l'obtention d'un titre de séjour grâce auquel sa famille le rejoint au moyen de la procédure de regroupement familial.

> *Je suis venu avec une bourse de gouvernement français et mon visa a ensuite été prolongé. Donc, je suis venu avec un statut de boursier parce que je faisais un livre sur un auteur français. À partir de là, je suis passé à un autre stade, parce que je commençais à publier et à gagner de l'argent, donc je suis devenu un indépendant installé à mon compte, donc travailleur indépendant. C'était en 95 avec la sortie de mon premier livre. Donc, j'avais un statut d'écrivain, j'étais reconnu professionnellement par les structures.* (M. Abou, né en 1948, rédacteur en chef d'un journal, installé à Paris depuis 1993, écrivain.)

L'exil, est pour lui l'occasion de renouer avec sa véritable passion et de se réaliser pleinement. Il se souvient avec beaucoup d'amusement de la « révélation » de sa vocation.

> *Le vrai livre que j'ai eu dans les mains, c'était à l'école. Le plaisir de lire, de comprendre une histoire. Je me suis dit : « Quand je serai*

grand, je ferai des livres. (M. Abou, né en 1948, rédacteur en chef d'un journal, installé à Paris depuis 1993, écrivain.)

Débordé par ses activités professionnelles, M. Abou ne trouvait pas le temps de s'adonner à sa passion d'écrivain. C'est en France qu'il parvient à vivre de ses romans. Un de ses livres a même été couronné d'un prix littéraire. De manière symbolique, il a grandi dans et par l'épreuve de l'exil.

> *Et quand je suis venu en France, j'ai trouvé ça presque naturel d'être là, je n'ai pas eu d'angoisses métaphysiques, j'ai eu des angoisses matérielles, mais comme tout le monde, parce que j'avais comme viatique l'écriture. Je vis dans un pays d'écriture : c'est le bonheur ! Il y a eu cette espèce de continuité, mais je n'ai jamais eu le déchirement du froid de l'exil. J'ai gagné beaucoup de choses, l'avantage de faire des livres dans des conditions meilleures, de vivre dans un environnement très riche. J'aime les librairies, j'ai gagné le fait que je m'inscris dans un environnement culturel propice à ce que j'aimerais produire et faire. Ce qui est énorme. Ce que j'ai perdu... je ne pense pas avoir perdu.* (M. Abou, né en 1948, rédacteur en chef d'un journal, installé à Paris depuis 1993, écrivain.)

Nous avons déjà noté la difficulté des étrangers à accéder aux milieux intellectuels et artistiques. Lorsqu'ils y parviennent, la reconnaissance de leurs pairs est valorisante : elle devient d'autant plus prestigieuse qu'elle est difficile à obtenir. C'est ce qui explique que les intégrations professionnelles les plus « réussies » en France sont celles qui s'inscrivent dans les milieux littéraires. Outre les liens qui unissent les deux pays, c'est tout un passé littéraire et artistique qui a conduit ces écrivains algériens à s'engager dans une œuvre en français. La médiatisation du conflit algérien et l'émoi que suscitèrent en France les meurtres perpétués à l'encontre des intellectuels Algériens ont sans doute favorisé leur entrée dans l'espace artistique et intellectuel français. Pour ne citer que lui, le Comité International de Soutien aux Intellectuels Algériens (CISIA), fondé en 1993 a contribué à cette audience[1]. Il ne s'agit pas de minorer le talent de ces exilés écrivains, mais de souligner l'importance du rapport à l'histoire et de ses effets sur l'intérêt que le public français porte à leurs œuvres. Cet intérêt tient à la fois de la nostalgie de plus d'un siècle d'histoire commune,

---

[1] Cf. « Pour une paix civile fondée sur la pluralité. Entretien avec Jean Leca », *Confluence méditerranée*, n° 1, automne 1994.

de la présence de longue date d'une forte collectivité algérienne, des engagements contre la guerre coloniale et aussi de la reconnaissance de la trace de l'œuvre de la France, symbolisée par ces élites algériennes.

L'expérience des universitaires est également significative des liens générationnels, politiques, idéologiques et souvent affectifs entre ces élites algériennes et leurs homologues français. Autant d'affinités qui ont cristallisé des rapports durables entre les deux rives de la Méditerranée et qui se sont réaffirmées dans l'accueil que des universitaires français ont réservé à leurs collègues exilés. Dans un article consacré aux nouvelles migrations algériennes des années quatre-vingt-dix, Yamina Bettahar rappelle à ce propos l'existence du Comité Mixte d'Évaluation et Prospective de coopération interuniversitaire franco-algérien mis en place en 1986. Elle évoque également le Centre de Recherche en Économie appliquée du Développement domicilié en Algérie « qui n'a jamais relâché son dynamisme et ses contacts avec les chercheurs en France ». Ces derniers, note-t-elle, « sont régulièrement sollicités pour prendre part aux travaux de colloques organisés en Algérie (ou en France) au plus fort de la crise »[1]. Parmi les cinq universitaires rencontrés en France, trois d'entre eux ont intégré l'université – rappelons que les emplois dans les domaines de la recherche et de l'enseignement supérieur sont accessibles aux étrangers.

La médiatisation, en France, des persécutions des intellectuels Algériens confère à leur réussite une « grandeur » supplémentaire qui excède la simple réussite sociale.

Stabilité de l'emploi et maîtrise de l'épreuve

La préservation du statut professionnel n'est pas l'unique facteur qui explique le dépassement de l'épreuve. Des exilés connaissent une déqualification sociale tout en la vivant à la manière de l'*exil surmonté*. Il s'agit plus particulièrement des individus qui parviennent à intégrer le monde professionnel de manière durable. Ce type d'intégration rassure : d'abord, la stabilité de l'emploi est souvent la condition d'un statut juridique assuré ; ensuite, elle permet de faire face au quotidien plus sereinement.

---

[1] BETTAHAR Yamina, « Les nouveaux migrants algériens des années quatre-vingt-dix », *Hommes et migrations*, juillet 2003, n° 1244, p. 45.

> *En ce moment, on n'est pas dans la possibilité de faire des choix à long terme. On n'est pas dans la précarité, parce qu'on a une maison, un travail, mais ça vient comme ça, même si on ne sera plus jamais assuré de rien. Mais maintenant, avec le travail, il y a quand même une certaine stabilité. Depuis que je travaille dans une boîte de reprographie, c'est une grosse imprimerie, on peut se reposer.* (Mme Allal, née en 1963, journaliste de télévision, installé à Paris depuis 1995, employée dans une imprimerie.)

Face aux bouleversements auxquels conduit l'exil, être assuré d'un emploi à long terme, même s'il s'éloigne de ses propres compétences, offre la possibilité de maîtriser le temps. Dans ce cas, les conditions d'existence, marquées par un nouveau mode de vie, sont acceptées comme un moindre mal. L'exil peut alors être envisagé comme une rupture assumée qui marque le commencement d'une vie nouvelle.

> *Ici, je travaille, c'est très important quand tu es une exilée sinon, il vaut mieux rentrer chez toi et accepter ta misère, parce que personne ne t'aide. J'essaie de faire comprendre à mon mari que maintenant on doit vivre normalement comme tout le monde et qu'il faut qu'on accepte de vivre en France comme tout immigré et comme tout petit Français : salaire, boulot et quand on met de l'argent de côté, on va en vacances. On devient des gens normaux, on ne peut plus revivre ce qu'on a vécu en Algérie, c'est clair. J'ai un petit garçon et je suis assez solitaire, c'est ma personnalité. Ici, je me suis encore plus retirée et le boulot fait que tu es fatiguée. Au moins, au boulot, je suis bien, c'est vrai que je suis caissière, mais je suis bien.* (Mme Warda, comédienne, née en 1962, installée à Paris depuis 1991, caissière dans une grande surface.)

L'aspiration à la stabilité de l'emploi est démultipliée en raison des incertitudes qu'induit l'exil. Reste que ce sont les exilés qui réussissent à préserver leur statut professionnel qui ont la plus grande chance de maîtriser l'épreuve.

La logique de la compétition

Comme nous l'avons vu, en France, l'*incertitude juridique* constitue un obstacle à l'insertion professionnelle. Au Canada, en revanche, la question du statut se pose de manière moins cruciale. Pays d'immigration qui s'assume comme tel, le pays permet aux populations migrantes de se construire un destin canadien. Dans cette perspective, le gouvernement a institué un ensemble d'organismes, afin de favoriser l'intégration des nouveaux arrivants. Ces organismes tracent un cheminement qui favorise le déroulement d'une « carrière d'immigrant ». Les exilés parviennent alors à réinterpréter les aléas d'une trajectoire professionnelle souvent précaire, comme une épreuve « normale », inhérente à cette « carrière ». D'autres réussissent à recouvrer leur statut professionnel sans pour autant emprunter les voies de la « carrière de l'immigrant ». Assurés de la transposition de leurs compétences, ils élaborent des stratégies compétitives pour aborder le monde professionnel. Leur statut préservé, ils réinterprètent leur trajectoire biographique comme une épreuve de compétition.

La « carrière » de l'immigrant

L'intégration professionnelle au Québec implique des contraintes, des apprentissages et des expériences indépassables. La plus coercitive est celle de la non-reconnaissance des qualifications et des compétences des étrangers. Même les immigrants les plus qualifiés au regard des critères de sélection définis par la politique d'immigration, souffrent d'une déqualification systématique.

Le déclassement social n'altère par l'estime de soi des exilés, dès lors qu'il est vécu comme une étape inhérente à une « carrière d'immigrant ». C'est à l'intérieur d'un chemin étroitement balisé par l'État, aux moyens d'institutions (destinées aux « résidents permanents » et aux « revendicateurs de statut de réfugié ») et de règlements qu'ils interprètent leur trajectoire professionnelle. Prenons l'exemple des « revendicateurs » de statut de réfugié. Ces derniers doivent d'abord déposer leur demande d'asile auprès de Citoyenneté et immigration Canada qui leur attribue une attestation d'identité leur permettant de percevoir une aide financière. À l'occasion de cette demande, ils sont invités à signer un plan d'action qui prouve leur volonté de participer à une des mesures de développement de l'employabilité prévue par la Loi sur la sécurité du revenu. Ce contrat a pour seule raison d'être l'intégration. Ainsi, dès les premiers jours de leur installation au Canada, les exilés peuvent s'inscrire dans une structure administrative qui leur offre des services chargés de les intégrer professionnellement. Ces démarches sont fortement encouragées, car elles conditionnent le montant de l'aide sociale. Par la force des choses, souligne le sociologue Christopher McAll, « les nouveaux arrivants sont rapidement intégrés dans toute une série de rapports sociaux où ils sont liés, par contrat, à d'autres acteurs »[1].

Cette prise en charge est rassurante, car elle permet aux migrants de se projeter dans une trajectoire marquée par des étapes. Première étape : le passage par les clubs de recherche d'emploi. Dans ces clubs, les nouveaux arrivants apprennent à se familiariser avec le marché de l'emploi nord-américain : rédaction de *curriculum vitae*, préparation à des entretiens d'embauche, etc.

> *Au départ, comme tout bon immigrant qui se respecte, c'est le club de recherche d'emploi. Donc, j'ai fait ma recherche d'emploi, même si j'ai mis un peu de temps à l'accepter. Parce que moi, je pensais que puisque j'étais dans le domaine de l'enseignement secondaire, je croyais que j'aurais des facilités. Mais, à un moment donné, je me suis inscrite dans un club de recherche d'emploi. J'ai fait une recherche très active et dynamique. Mais ça ne débouchait pas, ça ne débouchait que comme professeur de langues ; mais le processus était tellement lent que j'ai décidé de faire une réorientation professionnelle. J'ai rencontré une conseillère et c'est là que je suis allée dans le domaine communautaire. J'ai été intervenante communautaire, c'est un peu comme assistante sociale. C'est travailler avec toutes les personnes qui arrivent et les aider dans leurs besoins.* (Mme Rajaa, née en 1967, ingénieure, installée à Montréal depuis 1994, ingénieure.)

Ce qui est nouveau, c'est l'expérience même de la recherche d'emploi. En Algérie, à l'issue de leurs études, ils se sont engagés, tout naturellement, dans une carrière professionnelle sans avoir à affronter les aléas du marché du travail. C'est la raison pour laquelle le passage par ces clubs leur apparaît comme une étape nécessaire. Si d'aucuns sont sceptiques quant à leur efficacité réelle pour trouver un emploi, d'autres soulignent le bénéfice en terme de possibilités de rencontres.

> *Les clubs de l'emploi, c'est intéressant. Je trouve que les immigrants devraient passer par là parce qu'on arrive avec une culture, une façon de chercher du travail qui est tout à fait différente de ce qui se fait ici en Amérique du Nord. Rien que la façon de faire le CV est différente. Alors tout ça, on l'a découvert en faisant de la recherche d'emploi. La façon de passer une entrevue, tu vois, quand on a fait ça, on s'est rendu*

---

[1] MCALL Christopher, *Les Requérants du statut de réfugié au Québec. Un nouvel espace de marginalité ?*, Ministère des Relations avec les citoyens et de l'Immigration, 1996, p. 100.

compte qu'on était complètement à côté de la plaque. D'ailleurs, je me demande si ce n'est pas à cause de ça qu'on ne trouvait pas de boulot. La façon de faire, de rédiger le CV, de se présenter au téléphone. D'ailleurs, pour moi, c'était nouveau et tout. Mon boulot en Algérie je l'ai trouvé par un contact, donc je n'ai jamais fait des recherches, tu comprends pour moi, c'était tout nouveau. (Mme Rajaa, née en 1967, ingénieure, installée à Montréal depuis 1994, ingénieure.)

Autre étape de la « carrière d'immigrant » : la fréquentation des centres communautaires qui constituent des espaces d'échanges d'informations et de sociabilité. Leur finalité implicite réside dans l'idée que les expériences des anciens immigrants serviront aux nouveaux arrivants. Des exilés y ont également cherché des opportunités d'emploi. D'ailleurs, il est fréquent qu'ils soient sollicités, à titre bénévole ou non, pour participer à certaines actions de ces centres. Mme Selma, par exemple, s'est d'emblée insérée dans le milieu communautaire.

J'allais à toutes les rencontres des organismes et c'est comme ça que j'ai fait la connaissance du CSAI (Centre social d'aide aux immigrants) et j'essayais de convaincre les gens que rien n'était fait pour les immigrants au niveau de la santé mentale. Je voulais qu'on crée des services en santé mentale pour les communautés culturelles. Le problème c'est que ces gens ne peuvent pas payer, il faudrait une subvention qui paierait pour eux, c'est toujours mon rêve. Il y en a beaucoup qui m'ont appuyée, mais il fallait aussi gagner sa vie. C'est quelque chose qui prend beaucoup de temps, c'est une idée qu'il faut beaucoup travailler. J'allais régulièrement au centre et un jour j'ai remplacé quelqu'un qui est tombée malade. Ensuite, elle a pris sa retraite et on m'a demandé de la remplacer. (Mme Selma née en 1955, psychologue et universitaire, installée à Montréal depuis 1996, employée dans un centre communautaire.)

Rares sont ceux qui obtiennent une telle stabilité de l'emploi. C'est pourquoi certains d'entre eux, à la recherche d'une situation plus assurée, s'engagent dans une autre étape de la « carrière d'immigrant » : une formation québécoise. Ils procèdent à une véritable reconversion de leurs compétences professionnelles dans le but de trouver un travail stable. C'est le cas de Mme Rabi, professeure en Algérie, qui s'engage dans des études de comptabilité à l'issue desquelles elle trouve un emploi. La reconversion de ses compétences professionnelles est vécue de manière positive, comme une porte d'accès au marché du travail.

> *En septembre, j'ai commencé à prendre un cours. Et puis, j'ai eu de la chance car en janvier il y avait un cours qui démarrait en comptabilité. Et je l'ai tout de suite pris. Ça été hyper dur, parce que... C'était un cours de trois ans à faire en un an et je l'ai quand même pris, je l'ai fait. Ça s'est très bien passé, j'ai eu de très bons résultats. Et suite à ça, j'ai tout de suite trouvé du travail.* (Mme Rabi, née en 1954, professeure, installée à Montréal depuis 1994, aide comptable.)

À l'issue de leur formation, les exilés qui parviennent à trouver un emploi subissent très souvent un fort déclassement social. Mais ils réinterprètent les aléas d'une trajectoire professionnelle comme une épreuve « normale », inhérente à la « carrière d'immigrant ».

Une intégration performante

Même s'ils sont peu nombreux, certains ont réussi à préserver leur statut professionnel au Canada. Il s'agit plus particulièrement de ceux qui exerçaient des emplois facilement transposables dans la société d'installation. Dans le cadre restreint de notre échantillon, le cas le plus typique est celui des informaticiens. Certes, leur intégration au monde du travail n'est pas immédiate ; confrontés à l'exigence d'une expérience professionnelle canadienne et à la non reconnaissance de leurs diplômes, ils doivent, eux aussi, faire reconnaître leurs compétences. Pour eux, d'ailleurs, la première confrontation avec le marché du travail est généralement marquée par la déception. Mais, le temps de la désillusion passé, ils construisent, assez rapidement, un projet d'insertion, en passant par une formation bien ciblée, et réussissent ainsi à entrer dans des milieux professionnels proches de ceux qui leur étaient familiers avant l'exil. Convaincus de leur valeur, ils ne s'inscrivent pas dans une « carrière d'immigrant ». Si certains passent par des « clubs de l'emploi », aucun d'entre eux ne fréquente les organismes communautaires. Ils refusent toute démarche qui, objectivement ou subjectivement, pourrait les assimiler à des personnes vulnérables qu'il faudrait prendre en charge. Conscients de leur valeur professionnelle et confiants dans leurs compétences, ils sont persuadés, sinon de recouvrer leur statut, au moins de rester proches de leur milieu professionnel d'origine. C'est le cas M. Kamaï, ingénieur en informatique, qui après avoir essuyé de nombreux refus d'embauche a entamé une formation.

> *Moi, j'ai décidé de faire une formation qui ne m'a pas servi directement, mais qui a été très productive indirectement. On s'est dit, « Il est motivé, il veut faire des choses », et, à partir du moment où j'ai fait cette formation, ça a été différent. J'ai mis huit mois avant de travailler. Pour quelqu'un qui a toujours travaillé, c'est très très long. Tu passes par toutes les phases, sauf que moi je suis optimiste, je savais que ça viendrait.* (M. Kamaï, né en 1952, informaticien, installé à Montréal depuis 1996, consultant en informatique.)

Le cursus qu'a suivi M. Kamaï lui a permis d'acquérir une expérience québécoise et par là-même de revaloriser ses propres compétences. Embauché dans une entreprise à un poste de programmeur, il gravit les échelons jusqu'à retrouver son statut professionnel.

> *Finalement, j'avais fait une demande dans une grosse boîte d'informatique, je suis rentré par la petite porte. Je suis rentré comme programmeur et petit à petit les gens se sont rendus compte que j'étais vraiment consultant. Donc, maintenant, je suis sur plein de projets, je retrouve un peu... J'ai un peu retrouvé mon statut d'Alger.* (M. Kamaï, né en 1952, informaticien, installé à Montréal depuis 1996, consultant en informatique.)

À l'instar de M. Kamaï, les exilés qui ont des qualifications transposables ont une plus grande chance d'accéder à un emploi stable après des emplois à statut précaire. C'est le cas également de M. Nassim, ingénieur en Algérie qui, face aux barrières mises en place par l'ordre professionnel des ingénieurs, élabore une stratégie d'intégration professionnelle alternant formation, recherche d'emploi et travail. Il entreprend une formation prestigieuse, les Hautes Études Commerciales de l'Université de Montréal, qui lui a permis de mettre en valeur ses compétences et de les diversifier. Sa stratégie s'est avérée fructueuse, sa réussite professionnelle est totale.

> *Voilà comme ça s'est passé. J'ai vite compris, qu'une stratégie devait me conduire à une cible précise : Hydro Québec [compagnie nationale d'électricité], et ma stratégie était de frapper à toutes les portes. Je me suis inscrit à l'école des Hautes Études Commerciales et au bout de quatre mois, j'ai trouvé des petits boulots, j'ai participé à des séminaires sur l'expérience des immigrants jusqu'à ce qu'une ouverture se fasse à*

> *Hydro. Ma femme, elle, avait demandé un stage à Hydro et, pendant qu'elle y était, un poste s'est libéré, ma femme l'a su et elle m'a proposé. C'est comme ça que j'ai eu un contrat de quatre mois et puis on m'a rappelé parce que les gens étaient intéressés parce que je pouvais travailler avec les pays arabes. J'étais consultant international pour Hydro et à force de me voir, ils m'ont proposé de travailler pour eux. En résumé, je peux te dire que parmi les immigrants, on est un couple très chanceux.* (M. Nassim, né en 1950, cadre supérieur, installé à Montréal depuis 1993, consultant international.)

Ces trajectoires professionnelles passent par une compréhension des normes du travail et du rapport à l'emploi dominant au Québec. Les spécificités nord-américaines leur servent d'arguments pour rationaliser les périodes d'inactivité (situation fréquente sur le marché de l'emploi) qu'ils évoquent dans les termes de l'apprentissage. Ainsi, ils intègrent les « nouvelles règles du jeu » du capitalisme nord-américain. Mais, ces stratégies sont aussi le résultat de la lucidité de ces personnes qualifiées, sûres de leur valeur, de leur compétence, et, par là-même, de leur avenir.

> *Il n'y a que l'intelligentsia qui est capable de se régénérer ailleurs et d'apporter du plus à un autre pays. Il faut voir les Pieds-noirs ce qu'ils ont apporté à la France. Ils ont toute une expérience d'une vie et ils reconstruisent ailleurs. Je pense que l'analogie par rapport aux Pieds-noirs – je ne me sens pas Pied-noir – mais l'analogie reste là. Ils vont peut-être nous trouver un autre nom, les « Mains-noires ». L'analogie c'est qu'une intelligentsia est partie : c'est cela le grand dommage de l'Algérie.* (M. Kamaï, né en 1952, informaticien, installé à Montréal depuis 1996, consultant en informatique.)

Lorsqu'ils réussissent à rester proches de leur milieu professionnel au Canada, les exilés ont tendance à interpréter l'exil comme une épreuve qui relève de la logique de la compétition. Ils reprennent le langage du nouveau capitalisme : « performance », « reconversion », « flexibilité » et usent de ces termes pour définir leur trajectoire biographique. Leur expérience s'inscrit selon eux, non pas dans la tragédie algérienne, mais dans un nouvel état du monde fait de départs et de ruptures, des épreuves caractéristiques des sociétés contemporaines.

CHAPITRE 7
« PROXIMITÉ » ET « COURTOISIE »

> « *Nous, on vient, on parle la langue. On peut nous décrire et expliquer notre étrangeté, l'expliquer avec les mots de nos interlocuteurs. Ici, même s'il y a des différences, ça fait cent ans qu'on les connaît ces différences.* » (M. Met, né en 1952, rédacteur en chef d'un journal, installé à Paris depuis 1994, journaliste et écrivain.)
>
> « *Le Québec nous a reçus, c'est vrai qu'ils ont besoin d'immigrants, mais nous, on avait besoin d'un pays et puis on nous a offert des conditions qu'on nous offrirait dans aucun coin du monde. Donc, si on trouve un travail, on doit bien le faire, si on nous sollicite, il faut donner une part de nous-mêmes.* » (Mme Zouina, née en 1952, professeure, installée à Montréal depuis 1997, enseignante à mi-temps.)

En France et au Canada, les exilés dont l'expérience est proche de l'*exil assumé* élaborent des logiques de distinction qui visent à se démarquer de l'image de l'« immigré » telle qu'elle a été forgée dans la société française. Au-delà de ces logiques communes, le rapport aux *installés* s'exprime de manière singulière dans les deux sociétés. En France, les exilés l'évoquent dans des termes où la familiarité peut aller jusqu'à la fusion en fonction d'une proximité géographique et historique. Au Québec, ce rapport alterne entre reconnaissance et distance. Reconnaissance envers une nation canadienne qui les a accueillis ; distance à l'endroit d'une société québécoise porteuse d'un projet politique auquel ils peinent à s'identifier.

La familiarité française

Affronter l'exil en France oblige à reconsidérer toute la complexité des rapports entre la France et l'Algérie. Pour ces élites, la France représente à la fois l'ancienne puissance coloniale et le pays des arts et de la culture. Ces références partagées constituent le prisme à partir duquel ils se représentent leur place dans la société d'installation et leurs relations avec les *installés*.

Les logiques de distinction

Dans un contexte où les questions de l'immigration sont subsumées sous la catégorie de « problème », les Algériens conjuguent leur expérience dans les termes de l'exil. Les notions de persécution ou d'engagement qui lui sont attachées lui confèrent une toute autre valeur que celle habituellement attribuée aux « migrants ». Ils refusent l'image misérabiliste que véhicule la notion d' « immigré ».

> *Nous, on n'est pas venu pour des raisons de sécurité, ça n'a rien à voir avec les immigrés. On est parti pour des raisons de mal vie qui n'est pas une mal vie économique. Moi, j'avais un très bon salaire, donc ce n'est pas une question économique, c'était une question de vie ou de mort.* (M. Mohand, né en 1948, cadre supérieur, installé à Paris depuis 1994, travail par intermittence dans des Organisations Non Gouvernementales et comme comptable.)

> *Avant, je venais en France en tant que touriste, j'avais de la famille mais comme je suis indépendante, je venais par mes propres moyens. On était des cadres, on n'avait pas de problème. Comme je leur dis au travail : « Je ne suis pas une immigrée, je ne suis pas venue demander du pain, au contraire, je mangeais bien mieux chez moi ! »* (Mme Galil, née en 1950, cadre, installée en France depuis 1994, secrétaire.)

M. Bradi, cadre supérieur en Algérie, au nom de sa capacité à apprécier la France dans ce qu'elle recèle de plus prestigieux, se refuse à être défini comme un « immigré », mais comme un « expatrié ». Son « amour » pour les valeurs qui font le prestige de la France représente un moyen de signifier une certaine image de lui-même. Reconnaître la culture avec un C majuscule manifeste un capital culturel assuré et atteste d'une certaine supériorité.

> *J'avais un camarade que j'ai connu dans un stage, René, il est né dans un petit bled, plus Gaulois que lui... Il me dit en rigolant que je suis un immigré et qu'il était expatrié. Quand un étranger vit en France, c'est un immigré, quand un Français vit ailleurs, c'est un expatrié. Moi, je suis un expatrié qui n'a pas d'inconvénients à vivre en France, aucun, je suis amoureux d'un certain nombre de régions de France, de cultures de France et je suis un petit peu agacé par un certain nombre de choses*

que je ne vis pas trop mal. Je suis observateur de la vie française, j'adore la bouffe, j'adore certains vins. On a des amis qui nous ont laissé leur chalet, c'était magnifique. Je pense que c'est un territoire que le bon Dieu a pris du temps à faire. Il faut revenir à l'expression de De Gaulle : « Devant la grandeur de la France, je n'ai de cesse à rencontrer la petitesse des Français ». (M. Bradi, né en 1952, cadre supérieur, installé en France depuis 1991, à la recherche d'un emploi.)

Dès lors qu'est abordée la relation aux *installés*, une logique de distinction émerge des discours. Cette attitude est, pour certains seulement, la marque d'une forme d'élitisme.

Nous sommes cultivés et même parfois, sur certains sujets, nous sommes plus développés et évolués que les Français. Je ne me cache pas de le dire, je suis plus évolué que certains Français ! Alors, dans les relations, je trie. (M. Formaï, né en 1947, cinéaste, installé en France depuis 1994, à la recherche d'un emploi.)

Je pense que le niveau moyen de l'appréhension des choses dans la société française baisse, je le prends comme ça. Le niveau général, c'est très moyen. Il y a une partie de la population, il y a des gens, une sorte d'élite qui a des idées sur les choses, mais le reste ne suit pas. (M. Bradi, né en 1952, cadre supérieur, installé en France depuis 1991, à la recherche d'un emploi.)

Lorsqu'ils évoquent des incompréhensions et des rapports difficiles avec les *installés*, ils font moins référence à des différences culturelles qu'à des incompréhensions mises sur le compte de milieux sociaux différents.

En France, il n'y aucun problème. Moi, je me sens beaucoup plus intégrée que, par exemple, des émigrés qui son nés ici, qui ont été ghettoïsés parce qu'ils se trouvaient dans des trajectoires déjà tracées. Je me suis rendue compte qu'en France, être étranger, ce n'est pas forcément venir de l'étranger, c'est aussi un statut qui est produit par la société, le statut d'étranger ou de marginal. (Mme Fataï, née en 1955, universitaire, installée à Paris depuis 1994, enseignant-chercheur.)

Cette manière de parler d'eux-mêmes les conduit à rejeter la notion d'« intégration » supposant, à elle seule, une infériorité de départ des étrangers sur les « Français ». Leur statut social et culturel leur permet de revendiquer le libre choix des modalités de leur insertion. L'idée de conjugaison des cultures est plus particulièrement affirmée lorsqu'ils évoquent leurs enfants. Systématiquement, ils comparent leur destin à ceux qu'ils désignent comme les « beurs » ou la « seconde génération ». Conscients des stéréotypes attachés à ces populations, ils parlent de leurs enfants comme d'une nouvelle génération qui changera la représentation que la société française se fait traditionnellement des Algériens.

> *Les jeunes qui arrivent maintenant, comme mes enfants, ce sont des jeunes aisés, de familles souvent intellectuelles dont les parents s'occupent et qui ont une double histoire. Ils connaissent leurs origines, ils en sont fiers, ils ne sont pas dans le clivage. Les nôtres se sentent Algériens et on essaie qu'ils se sentent aussi Français, Algériens et Français. Je dirais même qu'on essaie de faire en sorte qu'ils se sentent de moins en moins Algérien et Français, mais de plus en plus internationaux, alors que les Beurs sont perdus. Ça doit être encore plus terrible pour les enfants et les petits enfants de harkis. Les Beurs n'ont aucune culture, ils sont acculturés. Je pense qu'ils se sont retrouvés entre eux et qu'ils se trouvent totalement en porte à faux. Je pense que les nôtres savent d'où ils viennent. Avec eux, c'est une nouvelle image des Algériens qui émerge.* (Mme Massi, née en 1947, universitaire, installée à Paris depuis 1991, professeure des écoles.)

Ils évoquent un rapport distancié aux questions d'appartenance et se mettent en scène en usant d'identifications de type universel. On reconnaît, dans ce discours, le caractère positif de l'objectivité conféré par le statut d'étranger tel que le définit Georg Simmel[1]. Le couple « distance »/« proximité » fonctionne comme instrument pour marquer une distance sociale avec les « immigrés » et les « Français » les plus ordinaires.

De la proximité à la fusion

Les liens avec la société française s'établissent principalement par une culture et des références partagées. Ces attaches entre les deux sociétés civiles nuancent les ruptures. Leur scolarité en français, leurs contacts avec des Français en Algérie et les nombreux voyages, ont fait de la France un espace familier. M. Met évoque cet exil dans le familier, comme un « *drôle d'exil* ».

---

[1] SIMMEL Georg, « Digressions sur l'étranger » (1908) *in* JOSEPH Isaac, GRAFMEYER Yves, *L'École de Chicago*, Paris, Éditions du Champ urbain, 1979, pp. 53-59.

> *En France, on n'a pas de sentiment d'étrangeté, on est même dépossédé de notre exil, car on connaît la France et le français, car l'exil c'est d'abord une question de la langue. Nous, c'est un drôle d'exil.* (M. Met, né en 1952, rédacteur en chef d'un journal, installé à Paris depuis 1994, journaliste et écrivain.)

L'héritage historique favorise la construction d'un « univers mental commun franco-algérien », que Jean-Robert Henry définit comme un « système référentiel commun aux deux sociétés, complexe et contradictoire, composé de mémoires partagées (convergentes ou répulsives, positives ou négatives) ou 'mixtes' »[1]. Dès leur plus jeune âge, malgré la situation coloniale, nos enquêtés furent pétris de culture française et des idéaux de la République forgés par l'école de Jules Ferry. M. Maki raconte qu'il a été nourri toute sa jeunesse par l'idéal scolaire français. Dans ses souvenirs d'enfance se mêlent comptines françaises et légendes algériennes.

> *Mon père a disparu, je n'avais pas de père, ma mère était institutrice de français. Donc, j'ai été élevé dans une famille d'instituteurs, mon grand-père, ma tante. Le mythe de l'éducation nationale était présent dans la famille, Jules Ferry etc. De mon enfance, je me souviens de légendes berbères, de chansons comme le Roi Dagobert.* (M. Maki, né en 1952, journaliste poète, installé à Paris depuis 1991, cumule les emplois précaires.)

Des exilés évoquent même une identification fusionnelle aux installés. M. Mohand affirme avoir toujours eu un « cœur français ».

> *Je suis peut-être né en Algérie, mais je suis Algérien de sol et Français de cœur. Je suis né en Algérie, c'est mon pays natal, et quelque part j'ai un cœur français, je crois que c'est depuis toujours. La France était une puissance coloniale, mais l'Algérie a aussi eu son indépendance grâce à des Français qui ont lutté autant que les Algériens, par exemple au niveau du parlement français. [...] La France, c'est mon pays et l'Algérie aussi et avec ce qui se passe je vis mieux quotidiennement ici, le contact avec les gens, je le vis très bien ce qui n'est pas le cas en Algérie.* (M. Mohand, né en 1948, cadre supérieur, installé à Paris depuis 1994, travail par intermittence dans des Organisations Non Gouvernementales et comme comptable.)

---

[1] HENRY Jean-Robert, « Assumer l'histoire commune », *Confluences méditerranée*, n°19, Automne 1996, p. 21.

Au cours de leur expérience française, ils découvrent l'« effet Algérie » tel que le désigne Paul Thibaut. Celui-ci touche un grand nombre de Français qui ont tissé une histoire avec l'Algérie : « des notables politiques, des officiers, des policiers de tous âges, des journalistes, des intellectuels depuis Jean-Paul Sartre jusqu'à tel étudiant qui avait dix-huit ans en 1962. Avec tout cela, on ne construit pas une génération : au mieux, une constellation de personnes qui, à un moment ou un autre, sont passées par l'Algérie »[1]. Cet « effet Algérie » perdure, nostalgique, pacifié, amical ou hostile, il contribue au sentiment de proximité partagée.

> *L'Algérie n'est pas vraiment un pays étranger pour les Français. Tous les Français ont des contacts avec l'Algérie, et les mêmes clivages qui traversent les Algériens se retrouvent chez les Français. Mais chacun a le droit d'analyser les choses comme il veut. Il n'y a pas un Français qui n'a pas une histoire avec l'Algérie. Soit il a fait son service militaire là-bas, soit il a des voisins algériens. C'est très rare de trouver un Français qui n'a pas de liens avec l'Algérie.* (M. Met, né en 1952, rédacteur en chef d'un journal, installé à Paris depuis 1994, journaliste et écrivain.)

Cette proximité trouve ses limites dans le rapport que les Algériens entretiennent avec la nationalité française. La procédure juridique de « réintégration » permettrait à ceux qui sont nés avant l'indépendance de demander la nationalité française[2]. Toutefois, peu d'entre eux entament cette démarche, même si elle faciliterait, en bien des points, leur quotidien. Abdelmalek Sayad a relevé plusieurs attitudes à l'égard de la procédure de naturalisation en fonction des statuts sociaux des individus qui s'y soumettent[3]. Ceux qui occupent des positions relativement privilégiées n'y voient qu'une substitution d'une nationalité à une autre, sans y investir une quelconque dimension affective. Les individus jouissant de positions moins favorisées, quant à eux, l'interprètent comme une trahison. Pourtant l'enquête montre que le souvenir de l'époque coloniale où l'acquisition de la nationalité

---

[1] THIBAUD Paul, « Génération algérienne ? », *Esprit*, n° 161, mai 1990, pp. 46-60.
[2] Le terme de réintégration est celui qui est utilisé dans le Code de la nationalité (articles 71 et suivants). La réintégration est l'une des voies d'acquisition de la nationalité française. Elle concerne les personnes qui ont eu à un moment de leur histoire personnelle la qualité de français
[3] SAYAD Abdelmalek, « La 'naturalisation' » (1987*)*, *La double absence. Des illusions aux souffrances de l'immigré*, Paris, Seuil, 1999, p. 324.

française signifiait renoncer au statut musulman, reste présent dans les consciences, même pour des individus qui s'éloignent des représentations sociales de l' « immigré ». Mme Safi, pour qui cette procédure n'implique aucune compromission, raconte la difficulté de son mari à assumer une telle démarche.

> *On a fait une demande de réintégration dans la nationalité française. Mon mari le vit très difficilement. Moi, je suis d'accord pour avoir toutes les nationalités du monde ! Lui, il est gêné par rapport à la famille, parce que tu sens qu'il y a toujours cet impact concret et pesant de la famille ici et là-bas. Je ne sais pas comment expliquer, eux, ils le conçoivent comme une trahison, alors que la moitié de leur famille est immigrée. Moi, on pourrait me proposer la nationalité israélienne ça ne me dérangerait pas, comme ça, si j'y vais, je pourrais voter.* (Mme Safi, née en 1957, cadre, installée en France depuis 1994, à la recherche d'un emploi.)

À l'instar du conjoint de Mme Safi, le projet de réintégration dans la nationalité française reste problématique. Mme Bachaï expliquait toute la dimension symbolique que recouvrait, pour elle, une telle démarche. Au regard de l'engagement de son père dans la guerre de libération, cette procédure lui semblait relever de la trahison.

> *Je ne demanderai jamais la réintégration, car pour moi ce serait une négation de l'histoire. Je ne pourrai pas, pour la mémoire de mon père. Par contre, si jamais je me marie avec un Français, ça me poserait moins de problèmes. La réintégration c'est trop... Je ne pourrai pas. La guerre d'Algérie a été extrêmement importante.* (Mme Bachaï, née en 1952, cadre, installée à Paris depuis 1994, à la recherche d'un emploi.)

Le poids de la relation franco-algérienne transparaît également dans la signification attribuée au statut de réfugié. Rémy Leveau évoque à ce propos le « paradoxe d'absence des exilés maghrébins en France »[1]. Depuis l'indépendance de l'Algérie, des « formes larvées d'exil » ont toujours existé sans que ces exilés n'aient jamais demandé officiellement l'asile. Les dissensions internes au FLN, les oppositionnels au régime de Boumediene, ont amené sur le territoire français nombre d'Algériens qui n'ont jamais revendiqué le statut de réfugié : « Leur combat politique avait été mené au nom des principes

---

[1] LEVEAU Rémy, « Le paradoxe d'absence d'exilés politiques maghrébins en France », *Migrations Santé*, 1er trimestre, 1994, p. 114.

de Jules Ferry et se considérer comme exilé politique aurait abouti à reconnaître l'existence d'une coupure qu'ils redoutaient une fois l'indépendance acquise. Par ailleurs, les conditions dans lesquelles les indépendances avaient été obtenues, avec le souvenir d'une guerre très dure dans le cas algérien, maintiennent une sorte de stigmatisation affichée à l'égard de tout ce qui pourrait apparaître comme 'le parti de la France'. »[1] Aujourd'hui, le statut de réfugié continue de susciter des réticences. M. Kamaï, avant de s'établir au Canada a choisi de s'exiler en France. Muni d'un visa professionnel, il s'y rend pour s'informer des modalités qui lui permettraient de s'y installer avec sa famille. Lors de ce séjour, il contacte ses réseaux qui ne lui sont d'aucun secours. La seule solution qu'on lui propose, c'est de procéder à une demande de statut de réfugié – proposition qui, en réalité, avait peu de chance d'aboutir en raison de la lecture restrictive de la Convention de Genève retenue par la France qui ne reconnaît la protection de ce statut qu'aux personnes menacées par leur gouvernement. Il nous a confié préférer « mourir » plutôt que de se plier à cette requête.

> *Je suis allé en France pour voir si je pouvais m'installer. La première chose qu'on m'a dite, c'est de prendre le statut de réfugié. On t'offre la vie en te la retirant. On dit que la France est une terre d'asile et moi je ne l'ai pas vu. Pour être accepté, il faut marcher sur ce que tu es. Moi, j'ai préféré mourir que de rester en France. Il est hors de question que je renie mon pays pour ces gens. Réfugié politique dans ce contexte-là, c'est renier son pays, ce n'est pas fuir la situation, mais fuir le pays. Je ne suis ni d'un parti ni d'un autre, je préfère mourir.* (M. Kamaï, né en 1952, informaticien, installé à Montréal depuis 1996, consultant en informatique.)

Invoquer la protection du statut de réfugié en France revêt un poids symbolique difficile à assumer.

L'hospitalité canadienne

Les Algériens expriment une reconnaissance explicite à l'égard de la société canadienne. Ils louent les effets de la politique d'immigration canadienne qui autorise une installation durable. Pourtant, le rapport à la société québécoise semble plus problématique. Si le projet national canadien leur paraît inclusif, celui

---

[1] *Ibid.*

de la Province québécoise, en revanche, leur semble réservé aux seuls descendants des Canadiens-français.

Un mythe efficace

Les discours sur la mythologie nationale révèlent l'importance du symbolique dans les représentations qu'ils se font de leur place dans la société canadienne. Le mythe canadien d'un pays peuplé d'immigrants a des effets réels sur la signification que les exilés accordent à leur expérience. Cette efficacité se donne à lire dans leurs discours où l'identification comme « immigrant » est mise en valeur. Les Algériens structurent systématiquement leurs propos autour de l'opposition « immigrant »/ « immigré » qui renvoie à la distinction entre la France et le Canada. Ces dichotomies dévoilent la prégnance de la France dans les imaginaires des Algériens : même installés au Québec, le vocable « immigré » continue de fonctionner comme un marqueur d'identité.

> *La France ? Non. [...] Il y a trop d'Algériens en France. Quand j'y vais, il n'y a pas de changements, je me crois en Algérie. Partout où on passe, on parle en arabe, les gens n'ont pas évolué et n'ont pas bénéficié de... C'est peut-être dû au pays d'accueil qui ne les a pas bien intégrés. Non, ça ne m'intéressait pas. Pour moi, émigrer pour émigrer, de toutes les manières, il vaut mieux choisir un pays où il y a une ouverture d'esprit, de l'avenir, voir quelque chose de nouveau [...] Chose qui n'est pas possible en France, car la proximité maghrébine est trop forte.* (M. Kader, né en 1947, médecin, installé à Montréal depuis 1997, caissier.)

En revanche, s'affirmer comme « immigrant » au Québec, c'est participer à la construction du pays et à son enrichissement. L'appropriation du mythe canadien leur permet non seulement d'affirmer leur place dans le roman national, mais aussi d'investir leur expérience de migration d'un sens positif.

> *Ici, tu n'es pas la seule étrangère, il y a je ne sais pas combien de nationalités étrangères. Tu es considérée sur le même piédestal. Moi, je me dis : « Ils ont la chance de m'avoir ! » Ce pays a été construit par les immigrants, il faut regarder l'histoire c'est tout. Je fais partie de cette construction aussi. Je ne suis peut-être pas venue dans les années 1700 ou 1800 mais je fais partie de cette construction, juste en payant mes taxes. Moi, je te dis en France, tu es toujours étrangère, même si tu te sens presque chez toi parce que tu as les mêmes repères et bien tu te*

sentiras étrangère à cause du passé commun amer. Tandis que le Canada n'est pas impliqué du tout. (Mme Boiheda, née en 1960, radiologue, installée à Montréal depuis 1998, inscrite à l'université.)

Le terme « intégration » pose moins de problème aux Algériens installés au Canada qu'à ceux exilés en France. Dans le contexte français, l'idée d'intégration est ressentie comme une humiliation, elle constitue, selon eux, une négation de leur culture francophone et de l'histoire, certes conflictuelle, qui lie l'Algérie et la France. Rien de tel au Canada, où les Algériens s'intègrent, comme « immigrants » au sein d'un peuple d' « immigrants ». Leur inscription dans le pays est à ce point assumée qu'elle est, tout au plus, différenciée des générations précédentes de migrants par le mode de transport emprunté. Comme l'exprime plusieurs de nos interviewés : « *Eux, ils sont venus par bateau, nous, nous sommes venus par avion.* »

Je disais à une Québécoise, toi tu es immigrante et moi je suis immigrante. Vos parents sont venus par bateau, mais nous, par avion. C'est un pays immigrant, les vrais habitants c'est qui ? Ce sont les Autochtones ! Ils sont venus un siècle avant nous, c'est quoi la différence ? On est venu avec notre savoir, on paye nos impôts comme vous tous. (Mme Bibti, née en 1957, installée à Montréal depuis 1995, à la recherche d'un emploi.)

S'installer au Canada recouvre une signification positive : c'est oser l'aventure, casser la relation séculaire entre l'Algérie et la France dont le fondement ultime a toujours été marqué par l'inégalité.

Quand je suis à Paris, ça ne me change pas, d'autant plus qu'on a une culture française. J'ai fait ma maternelle dans une école française où on nous apprenait : « Nos ancêtres les Gaulois ». C'est l'école française de Jules Ferry, Gambetta. On apprend à l'école « Petit papa Noël », on connaît tout de l'histoire de France. En Algérie, tout le monde parle français, les vestiges français sont restés malgré tout. Les gens ont une mentalité franco-algérienne, ou algéro-française, il n'y a pas de différences pour moi. Il faut changer quand on en a l'occasion. (M. Kader, né en 1947, médecin, installé à Montréal depuis 1997, caissier.)

Les exilés, comme l'ensemble des « résidents permanents », peuvent obtenir la citoyenneté canadienne au bout de trois années de résidence dans le pays[1]. La possibilité de devenir citoyen ne recèle pas le même coût identitaire qu'en France. Dans leur système de représentations devenir Canadien ne se confond pas avec une quelconque assignation d'allégeance, bien au contraire, elle autorise des identifications multiples. Outre les commodités qu'elle leur procure, la citoyenneté canadienne est perçue comme une aubaine, car elle n'implique aucun renoncement. Nombreux sont ceux qui évoquent les nationalités « traits d'union » que le Canada autorise, du moins symboliquement.

> *Je ne vois pas pourquoi les Canadiens de souche irlandaise n'oublient pas leur culture et je ne vois pas pourquoi, moi, j'oublierais. Le cordon ne se coupe pas du jour au lendemain pour toutes les communautés. C'est inné en nous, du moins pour notre génération. Pour nos enfants, on ne sait pas. On leur dit toujours : « N'oubliez pas que vous venez d'ailleurs ». Canadien, ce n'est pas une origine, c'est un adjectif.* (M. Nourdine, né en 1957, ingénieur, installé à Montréal depuis 1995, cadre.)

Majoritairement, ils s'inscrivent plutôt dans une optique universaliste, une définition d'eux-mêmes en des termes strictement nationaux leur paraît réductrice. Approuvant l'idéologie moderne de l'individualisme, ils refusent toute forme de prescription identitaire. Néanmoins, la politique officielle du multiculturalisme au Canada leur apparaît comme une opportunité qui leur est offerte d'utiliser un label ethnique pour jouer un rôle sur la scène publique et s'insérer plus aisément dans la société.

> *J'ai été approché par le parti libéral. Ce sont des hommes d'affaires. Pour les ethniques, c'est plus intéressant. J'ai rencontré des Italiens, des Grecs, ils sont ouverts. Moi, je voulais créer un parti libéral algérien. L'idée intéressait certains membres du parti libéral canadien. L'idée c'était de créer un comité algérien, regrouper une masse de votants, négocier des postes à protéger et tout et tout. Mais, j'ai arrêté, il faut s'y mettre à plein temps, mais c'est un projet que je garde en tête.* (M. Tuboz, né en 1951, ingénieur en informatique, installé à Montréal depuis 1994, à la recherche d'un emploi.)

Si le sentiment d'identification au Canada semble aisé, le rapport à la société québécoise reste plus problématique.

---

[1] Rappelons qu'au Canada, la terminologie juridique n'use pas du terme « nationalité », mais de celui de « citoyenneté ».

Des relations courtoises

Pour l'ensemble des personnes rencontrées, l'identification première va au Canada plutôt qu'au Québec. La société québécoise apparaît comme une collectivité aux frontières étanches, dans laquelle il semble difficile de se reconnaître. S'agissant du rapport aux *installés*, les exilés évoquent une tolérance mutuelle qui ouvre rarement la voie vers de réels échanges. Il s'agit plutôt d'une « cohabitation pacifique », dans laquelle transparaissent les marques d'une frontière entre « nous » et « eux », pour beaucoup indépassable.

> *Ici, les gens sont différents, ils n'ont pas le sens de la famille, ils sont individualistes, ils n'ont pas les mêmes valeurs que nous qui sommes méditerranéens, arabes et musulmans ; eux, sont superficiels. Par exemple, ici, ils ne s'attachent à rien, la preuve, ils déménagent tout le temps. Chez nous, les murs, c'est pour la vie. Ici, les relations sont superficielles. Mais cela dépend quand même des personnes, j'ai trouvé des personnes qui sont devenues mes amis à l'université. Mais, la plupart, je les ai trouvés un peu campagnards.* (Mme Boiheda, née en 1960, radiologue, installée à Montréal depuis 1998, inscrite à l'université.)

Plus précisément, ils évoquent la relation à l'Autre dans les termes de la courtoisie, et adoptent l'attitude propre aux « invités » : bien se tenir, être respectueux et surtout ne pas critiquer ses hôtes. Bref, une sorte « d'hypercorrection » qui s'incarne dans la discrétion qu'ils adoptent vis-à-vis du projet politique québécois à propos duquel ils se refusent à porter tout jugement.

> *Je le dis franchement aux Québécois, la souveraineté, ce n'est pas mon problème. À la limite, je peux comprendre leur nationalisme, car j'ai vécu le nationalisme algérien, mais ils n'ont pas vécu le colonialisme. Les Québécois iraient en enfer pour leur vie, j'irais avec eux. C'est leur problème, pas le mien. Ils ont envie d'aller en enfer, je n'ai pas voix au chapitre. En tout cas, je ne voterai pas contre eux. Je suis fier d'être au Canada, dans un pays qui est comme on l'avait perçu de l'Algérie. C'est quand même un grand pays. Moi, le Québec, je savais à peine que ça existait. La souveraineté, c'est leur problème, pas le mien. Si je ne vote pas pour eux, je ne vote pas contre eux.* (M. Kamaï, né en 1952, informaticien, installé à Montréal depuis 1996, consultant en informatique.)

Alors qu'ils ont vocation à devenir « Canadien », ou qu'ils le sont déjà, nos enquêtés s'imposent l'impartialité qui sied à l'étranger à l'égard du projet québécois. Nous retrouvons, dans leurs propos, les caractères de l'extrême politesse de l'étranger tels que les décrit Sayad : l'obligation de réserve, la neutralité et correction[1].

---

[1] SAYAD Abdelmalek, « Immigration et pensée d'État », *Actes de la recherche en sciences sociales*, n° 129, septembre 1999, p. 9.

CHAPITRE 8
LE RAPPORT À SOI PRÉSERVÉ

> « *La société algérienne a tout donné aux hommes et rien aux femmes. Ici, au moins, je suis moi-même, je n'ai pas besoin de me déguiser par rapport à qui que ce soit, je peux être une femme tranquille. Je ne suis pas obligée de jouer : j'ai très chaud, j'ai envie d'être en short, je sors en short, personne n'a rien à me dire, et pour moi c'est très important.* » (Mme Galil, née en 1950, cadre, installée en France depuis 1994, secrétaire.)

> « *C'est dur sur le plan matériel, mais ça ne me gêne pas outre mesure, ni mon orgueil. J'estime avoir étudié, travaillé, fait mon métier, élevé mes enfants et personne ne peut m'enlever ce que j'ai dans la tête. Le reste, ce sont des épiphénomènes.* » (M. Ben, né en 1945, médecin spécialiste, installé à Montréal depuis 1997, formation d'infirmier.)

Assumer l'épreuve nécessite de sauvegarder l'image de soi. Or, l'exil constitue un déracinement, un arrachement d'avec son milieu, ses habitudes, sa famille, etc. Les exilés se voient ainsi confrontés à un véritable travail de recherche, de découverte existentielle. Dans ce temps de l'*exil assumé*, ils doivent tout réinvestir, leur passé, leur militantisme, et même leur identité sexuelle. Rien n'échappe à cette remise en question, qui se développe jusque dans la famille où s'élaborent de nouveaux rôles, insoupçonnés avant l'épreuve de l'exil.

La découverte de soi

Comme beaucoup d'épreuves, l'exil favorise la naissance d'un nouveau rapport au monde[1]. Il constitue une expérience ultime qui accule l'individu éprouvé à se repositionner dans le monde. L'exil, comme « perte du monde »[2], peut conduire à un fort sentiment d'échec et de finitude, mais peut également s'offrir comme l'occasion d'une véritable découverte sur soi née d'un regard neuf sur le monde.

> *L'exil a ceci de contradictoire, c'est que tu as une perte et en même temps un gain. Tu perds l'affect, l'écosystème, c'est une vraie perte, mais d'un autre côté tu gagnes en liberté et c'est immédiatement savoureux.* (M. Réniette, né en 1955, universitaire et musicien, installé à Paris depuis 1991, écrivain.)

> *Il y a quelque chose qui est positif. C'est que tant que tu n'es pas exilé, tu ne sais pas ce que c'est. Donc, j'ai découvert l'exil. Je pense que chaque être humain devrait connaître un peu ce qu'est l'exil. Parce que tu as toute une nouvelle dimension de la vie, même ton pays, tu le vois différemment. C'est une des expériences les plus belles de mon existence. Il faudrait vraiment la mettre dans un manuel scolaire, car c'est une expérience humaine.* (M. Maki, né en 1952, journaliste poète, installé à Paris depuis 1991, cumule les emplois précaires.)

La rupture de l'exil favorise les mises en question et permet de reconsidérer l'importance allouée aux différents aspects de la vie. D'aucuns adoptent de nouveaux rôles au sein de leur famille dans lesquels ils trouvent un plaisir insoupçonné. C'est le cas de M. Kamaï qui raconte l'enrichissement qu'a constitué sa période d'inactivité professionnelle. Ce temps libre, même s'il était contraint, fut l'occasion de la découverte d'une place nouvelle au sein de l'univers familial. Lui qui en Algérie se consacrait au travail, découvre en exil une autre facette de sa personnalité et s'occupe davantage de ses enfants.

---

[1] Erving Goffman évoque le même phénomène à propos des individus marqués par un stigmate. Comme il le suggère, le stigmatisé peut voir « dans les épreuves qu'il a subies une bénédiction déguisée, pour cette raison en particulier que, estime-t-on, la souffrance est capable d'enseigner certaines choses sur la vie et les hommes », Cf. *Stigmates*, op. cit., p. 22.
[2] Selon l'expression de STRAUSS Anselm, *Miroirs et masques. Une introduction à l'interactionnisme* (1989), Paris, Métailié, 1992, p. 41.

Je suis resté 8 mois au chômage. C'était la première fois de ma vie que je ne travaillais pas. Alors, j'ai écrit, j'ai acheté un ordinateur, je voulais éditer. J'ai cherché des boulots, n'importe quoi. J'avais lu une annonce de croque-mort, j'ai même postulé ! [Rires] Je prenais en charge la maison, chose que je n'avais jamais fait de ma vie : faire la cuisine aux enfants, ça m'a permis de philosopher. Tu ne vas pas me croire, mais je n'ai jamais autant ri de ma vie. Pour la première fois de ma vie, j'arrivais à me détacher de mes problèmes de responsabilité, de la patrie, de ces grosses conneries que j'avais toujours dans la tête. Je pensais être porteur d'un message de je ne sais pas quoi et, pour la première fois, j'avais coupé avec tout. Ça a été une très belle expérience. Je me suis coupé de mon boulot, je m'occupais un peu plus de mes enfants, je les voyais plus. Quand j'étais là-bas, je n'ai jamais regardé personne, je travaillais, travaillais, travaillais. Ici, j'ai redécouvert les enfants, je me suis intéressé à leurs devoirs, j'ai fait des trucs que je ne faisais jamais, se promener dans un parc, pique-niquer. (M. Kamaï, né en 1952, informaticien, installé à Montréal depuis 1996, consultant en informatique.)

Ceux dont le projet personnel était subsumé dans un projet de société, passent à un projet plus personnel axé sur l'épanouissement individuel. La participation politique cesse alors d'être le principe organisateur de la vie sociale. L'histoire de M. Zakaria en témoigne. Cadre supérieur dans une entreprise nationale, il nous a confié sa vie consacrée au militantisme. Vie professionnelle et vie privée étaient tournées vers un même but : participer à l'amélioration de la société algérienne. Il nous racontait sa vie algérienne comme guidée par un horizon politique pour lequel il n'a jamais cessé de se battre. Après avoir échappé à une tentative d'assassinat, la décision de quitter l'Algérie s'imposa d'elle-même. La rupture fut brutale, mais, à l'époque, même si M. Zakaria, confiait s'être approprié la décision, il évoquait la rupture comme un choix. Il employait ce terme « *rupture* » avec une grande passion, comme pour se persuader lui-même.

Nous, on est parti, c'est à cause de la société. On voulait que l'Algérie soit un bon pays. Alors quand on arrive ici, on n'a aucun problème d'adaptation. Il fait froid, mais entre le froid d'une tombe et celle du Canada, j'ai choisi. Et, en plus, il est plus facile pour moi de chanter Aragon que les versets du Coran. C'est vrai, je n'y connais rien au Coran. C'est vrai qu'Aragon c'est devant, mais le Coran c'est derrière. La société que j'ai laissée ce n'est pas moi, ce n'est pas ce que je veux construire, je veux construire un monde humain où les gens s'aiment.

> *Dans mon pays, l'amour est clandestin, ce n'est pas normal ! Ma fille, elle va avoir 18 ans et je serai l'homme le plus heureux du monde, parce qu'elle pourra aimer librement, dans mon pays même, si c'est moi qui lui autorise, on lui interdira.* (M. Zakaria, né en 1950, cadre supérieur, installé à Montréal depuis 1994, à la recherche d'un emploi.)

À Montréal, un projet de réalisation personnelle se substituait au projet politique. L'exil est l'occasion de la découverte de nouvelles valeurs plus individuelles, impensables en Algérie.

> *Il faut qu'on s'assume dans ses ruptures. C'est bien le 'nous', toute ma vie je me suis consacré au 'nous', c'est quelque chose que je veux garder du point de vue de la culture, mais ici j'ai appris le 'je', je ne veux pas que le 'je' étouffe le nous, mais je veux qu'il y ait un 'je'. Moi, j'ai réglé le problème du retour. Pour les autres, c'est parfois délicat, moi j'ai fait la rupture.* (M. Zakaria, né en 1950, cadre supérieur, installé à Montréal depuis 1994, à la recherche d'un emploi.)

« Événement majeur de l'existence », « moment critique »[1] de la vie, l'exil, par les ruptures qu'il implique, accélère les remises en question et encourage l'autocritique. Certes, en les questionnant sur leur expérience, nous avons favorisé la réflexion sur leur propre parcours, néanmoins l'introspection participe de l'épreuve de l'exil. Elle témoigne d'une distance géographique, existentielle, politique, et devient une véritable analyse rétrospective et projective de la vie.

> *L'exil m'a donné une attitude critique vis-à-vis de moi-même, de ce que j'ai fait, de ce que j'étais, de mon itinéraire, je regarde les choses avec moins de passion, j'ai presque l'impression que je regarde quelqu'un d'autre. Ça, ce sont les choses intéressantes de l'exil. Je vois qu'on s'est trompé, on n'a pas fait les choses comme il fallait, tu vois, c'est une autocritique, ça te donne le recul nécessaire pour penser à tout ça.* (M. Réniette, né en 1955, universitaire et musicien, installé à Paris depuis 1991, écrivain.)

L'autonomie constitue également l'un des gains souvent évoqués par les exilés et plus particulièrement par les femmes. Ces dernières se définissaient toutes, en Algérie, comme des femmes autonomes. Néanmoins, cette indépendance n'allait pas de soi, elle résultait d'une posture de revendication qui s'inscrivait dans une logique de la

---

[1] STRAUSS Anselm L., *Miroirs et masques*, op. cit., p. 37.

conquête. Elles s'imposaient en s'opposant de manière plus ou moins radicale, soit qu'elles composaient avec les limites inhérentes à la société algérienne, soit qu'elles militaient. L'installation dans un nouvel espace symbolique, défini par une logique démocratique et égalitaire, implique un rapport à l'autonomie moins conflictuel. L'espace public s'offre désormais comme un espace libre qui n'est plus à vaincre.

> *Ici, tu vis une vie merdique, mais au moins tu vis. En tant que femme ici, je suis mieux, je peux me permettre de m'asseoir à une terrasse de café, prendre une cigarette et papoter. Là-bas, tu ne peux pas, je ne pouvais pas. Là-bas, quand mon mari allait dans les cafés, j'y allais mais on me regardait de travers, même si j'étais avec mon mari. Une femme dans un café, c'est la mauvaise réputation assurée. En plus, je faisais du cinéma, en Algérie, les femmes qui font du cinéma, les mannequins ou les hôtesses de l'air, elles passent toutes pour des putes. Tu n'avais pas une vie de femme libre. Ici, ce n'est pas un problème, ton métier ce n'est pas un problème, du moment que tu travailles.* (Mme Warda, comédienne, née en 1962, installée à Paris depuis 1991, caissière dans une grande surface.)

Malgré leurs diplômes et leurs conjoints conciliants qui cautionnaient, en Algérie, leur aspiration à l'autonomie, la société imposait inexorablement une limite. Denys Cuche rappelle ainsi les principes qui régissent la place des femmes dans la société : « Premier principe : toute femme algérienne est musulmane [...] Deuxième principe : toute femme algérienne est nationaliste [...] Troisième principe : toute femme algérienne doit rester... une femme. »[1] Depuis l'indépendance, les discours politiques sur les femmes sont marqués par la corrélation étroite entre participation à la Révolution et reconnaissance des droits des femmes. Cette relation est affirmée de manière officielle dans la charte d'Alger qui lie de manière intime droit des femmes et patriotisme. Comme le souligne l'historienne Monique Gadant : « C'est donc la référence à la 'sœur ancienne combattante' qui va légitimer (et légitime encore aujourd'hui) toute intervention publique, toute revendication féminine, d'où cette quasi-mythification des moudjahidates, et leur manipulation constante par les femmes et par le pouvoir masculin, d'un côté pour se légitimer et essayer

---

[1] CUCHE Denys, « Femmes algériennes expatriées en France. De l'identité sociale légitime à l'identité individuelle illégitime », *in La France pluriel*, Paris, L'Harmattan, 1984, pp. 110-138.

d'opérer des changements, de l'autre pour freiner, culpabiliser et tracer des limites. »[1]

C'est dans les années quatre-vingt que le Mouvement des femmes s'organise en Algérie pour lutter contre le projet du Code de la famille. Ce Mouvement, largement médiatisé en France, fut, pour l'essentiel, constitué d'Algériennes aux profils proches de celles que nous avons rencontrées. Diplômées, elles ont milité dans les années soixante-dix sur la base d'idéologies laïques marxisantes. Ces femmes, sans doute privilégiées, ressentaient comme une injustice inacceptable la contradiction entre leur féminité dévalorisante et leur compétence[2]. Leur aspiration à l'autonomie individuelle, résultat de leurs efforts, de leurs études, était sans cesse contrariée par les injonctions sociales qui visaient à les claquemurer dans l'univers familial traditionnel. Elles tentaient de s'en accommoder en adoptant des attitudes, qui selon leurs propres termes, frôlaient la schizophrénie. Mme Lila se souvient du sentiment d'étrangeté qui l'habitait en Algérie.

> *Je te disais que là-bas je n'étais pas intégrée dans la société et qu'ici, je me sens beaucoup plus intégrée. Là-bas, il fallait que je joue chaque fois le jeu d'être comme tout le monde, mais je ne l'étais pas. Je réfléchissais autrement. C'est des choses que je gardais pour moi, même si j'avais des copines qui étaient comme moi. Je jouais le jeu dans la société, celui d'être la femme algérienne idéale, mais en dedans, je n'étais pas bien, parce que c'était toujours un jeu qu'il fallait jouer, par rapport à la religion surtout et aussi par rapport à la tradition. Même si tu as fait tes études, il fallait que tu restes Algérienne, que tu respectes la tradition, la religion.* (Mme Lila, médecin, née en 1960, installée à Montréal depuis 1996, inscrite à l'université.)

Ce qui la gênait par-dessus tout, c'était la privation de liberté dans l'espace public, contrainte qu'elle était de modeler son comportement

---

[1] *Ibid.*

[2] Cette accusation d'occidentalisation est si forte, souligne Monique Gadant, qu'il arrive aux femmes qui militent pour l'égalité des droits de dire elles-mêmes qu'elles sont contre l'occidentalisation. Cf., GADANT Monique, « Le mouvement des femmes en Algérie. Modernisme ou féminisme ? », *Le nationalisme algérien et les femmes*, Paris, L'harmattan, 1995, p. 219 : « Si aujourd'hui le colonialisme est parti, ce qui revient encore constamment dans le débat politique, c'est l'association : émancipation des femmes = occidentalisation. Le féminisme est 'occidental', les femmes ne doivent pas revendiquer ceci ou cela, ou bien elles revendiquent cela parce qu'elles sont occidentalisées. »

en fonction du regard de réprobation que pourrait porter la société sur elle.

> *Avant, c'était plus la tradition qui était contraignante, mais, ces dernières années, c'était plus la religion. La tradition dit que tu dois obéir à ton mari, respecter la belle-famille, tu ne peux pas sortir toute seule, tu ne peux pas parler, quand les hommes parlent, il faut que tu t'effaces. Quand tu es à l'extérieur, tu as le droit de sortir, parce que la vie t'amène à sortir, c'est-à-dire que tu le fais pour tes études, pour travailler. Mais ça, ce sont des obligations de la vie. Mais tu resteras toujours femme, c'est-à-dire soumise, il faut raser les murs quand tu es à l'extérieur. Ce qui m'a toujours frappée, c'était quand je regardais les hommes dans les cafés, ils sont relax, tranquilles en train de siroter leur café. Moi, non seulement je n'ai pas le droit, et en plus, quand je passe devant eux, je dois faire semblant... Même mon regard était prisonnier. Je ne pouvais pas regarder les arbres et le ciel, je ne pouvais pas flâner. Que je parte au travail, ou à la garderie, je ne partais pas pour flâner, je devais rentrer à la maison. C'était tout ça qui me gênait, je n'avais le droit de me relaxer qu'à la maison. Je ne peux pas regarder le ciel sinon je passe pour une pute ! Alors, les dernières années, c'est pire, non seulement tu ne regardes pas, mais tu dois aussi porter le tchador. Je ne l'ai jamais porté, je ne voulais pas, je me sentais assez prisonnière comme ça.* (Mme Lila, médecin, née en 1960, installée à Montréal depuis 1996, inscrite à l'université.)

Dans les sociétés d'installation, l'espace public n'est plus à conquérir. Le passage d'un espace symbolique marqué par la tradition, dont l'une des incarnations prend la forme du Code de la famille, à un espace démocratique et égalitaire, est perçu comme un bénéfice de l'exil, inestimable. En Algérie, ces femmes veillaient à être considérées comme des individus sociaux et moraux, et non pas comme des femmes qui ne se destinent qu'à la frivolité et au plaisir. Cette tension permanente les condamnait à s'affirmer comme des êtres asexués. Cette suspicion envers les femmes constitue un des facteurs qui, selon Addi Lahraoui, permet d'expliquer les motivations du port du *hijab*. Selon l'auteur, la signification de ce voile est plus sociale que religieuse, le *hijab* permet de neutraliser l'hostilité de la rue et de désexualiser, « il n'est pas porté pour Dieu mais pour les hommes »[1]. Les exilées ont eu la possibilité de choisir d'autres moyens pour être

---

[1] ADDI Lahouari, *Les Mutations de la société algérienne. Famille et lien social dans l'Algérie contemporaine*, Paris, La Découverte, 1999, p. 153.

respectées, en adoptant une attitude exemplaire ou en s'engageant dans le militantisme. Quelle que soit la posture adoptée, c'est le sentiment de devoir toujours faire ses preuves qui leur semblait le plus astreignant. L'exil s'offre alors comme une occasion de s'affirmer dans leur féminité.

> *Ici, surtout, je me sens femme. Je ne me sentais pas femme en Algérie, je n'avais pas de personnalité. Je n'étais que quelqu'un qui servait son foyer sans avoir le sentiment d'être femme réellement. J'étais un individu qui avait plus de devoirs que de droits. En France, en côtoyant le milieu féministe, en discutant avec les filles de Femmes solidaires* [Nouvelle appellation de l'Union des Femmes Françaises], *en regardant les femmes, je ne suis sentie femme d'abord, ensuite Maghrébine ou Algérienne.* (Mme Safi, née en 1957, cadre, installée en France depuis 1994, à la recherche d'un emploi.)

En exil, la logique de la conquête change de terrain et peut laisser place à des identifications inexplorées jusqu'alors.

La famille restructurée

Le maintien de l'unité et de la cohésion familiale est un facteur important dans l'expérience de l'exil. En fait, les exilés qui parviennent à maîtriser l'épreuve sont souvent ceux qui réussissent à construire un projet à deux et à le formuler comme tel dans la société d'installation. Notre enquête montre que la pérennité du couple a plus de chance d'être garantie quand, au sein de la famille, des discussions sont engagées sur les rôles respectifs de chacun. Dans ce jeu de distribution des rôles, la parole est importante, elle est le lieu et le moyen où construire le projet d'une nouvelle vie dans la société d'installation. Le couple devient une équipe où s'élabore une stratégie d'intégration. Parfois, le conjoint réinvestit le domaine familial le temps que son épouse fasse une formation.

> *Ma femme est francophone, mais elle enseignait l'arabe, elle n'avait pas le choix. Il a fallu qu'elle se reconvertisse, elle a fait une formation d'esthéticienne pendant que je cherchais du boulot et que je m'occupais des enfants. On s'est organisé et l'organisation s'est métamorphosée en autre chose. Pour le marché du travail, il fallait qu'elle trouve autre chose. Les enfants, pendant deux ans, c'est moi qui m'en occupais jusqu'à ce qu'elle se reconvertisse. Elle a eu un certificat en esthétisme.*

> *Ensuite, on a eu un bébé, on a eu une petite fille en plus de nos deux garçons. Avant qu'elle ne commence son travail, j'ai trouvé du travail, donc les choses se sont rétablies et maintenant on est à l'aise.* (M. Nourdine, né en 1957, ingénieur, installé à Montréal depuis 1995, cadre.)

Pour certains, l'éloignement de la famille élargie permet de découvrir son conjoint de manière plus intime. Mme Mina raconte comment l'exil lui a permis de faire, pour la première fois, l'expérience de la vie conjugale.

> *Je pense que Montréal nous a rapprochés. Avant, on n'était jamais ensemble. J'ai l'impression que Montréal a sauvegardé mon couple. Parce que je me dis… Je ne comprends pas, ça aurait pu le faire éclater, parce que quand je suis arrivée à Montréal, la pire chose qu'on m'a dit c'est que tous les Algériens quand ils arrivent ici, ils divorcent et ils perdent leurs enfants. Si tu savais comme j'ai pleuré. Je me suis dit : « Je vais perdre mon mari et mes enfants. Mais je vais me jeter dans le Saint-Laurent ! » Dans l'organisation de la famille, ça a changé un petit peu. Il s'occupe des enfants, il leur donne à manger, il s'occupe des devoirs, mais s'il ne fait pas la vaisselle, je ne le chicane pas.* (Mme Mina, née en 1956, médecin, installée à Montréal depuis 1996, formation d'infirmière.)

Les apprentissages de la vie de famille en exil se passent relativement bien quand ils sont sujets à discussion. C'est ainsi que Mme Selma nous explique la nouvelle organisation familiale impliquée par l'installation au Canada. Son couple forme une véritable équipe où les rôles de chacun sont soumis à la discussion.

> *Pour mon mari, ça a été beaucoup plus difficile, mais je pense que sans lui je n'aurais jamais pu faire ce que j'ai fait. Je ne serais pas tranquille de m'absenter si longtemps de chez moi de 6 heures du matin à 11 heures du soir si mon mari ne s'occupait pas de tout. Même sur le plan moral, il s'occupe de la petite, pour ses devoirs. J'ai en même temps le bonheur d'une femme mariée qui a des enfants et en même temps c'est comme si j'étais une jeune fille, j'organise mon temps. Ça me donne beaucoup d'énergie. […] Mon mari est un professeur extraordinaire. Mais maintenant il est presque à l'âge de la retraite, il ne rêve pas. On a beaucoup parlé et on s'est dit que si au moins un d'entre nous travaille et qu'on a une rentrée d'argent pour que les enfants ne se sentent pas obligés de travailler pendant qu'ils font leurs études. C'est comme ça qu'il le vit.* (Mme Selma née en 1955, psychologue et

universitaire, installée à Montréal depuis 1996, employée dans un centre communautaire.)

La ressource du statut de militant

Contrairement au premier type (l'*exil subi*), les enquêtés proches de l'expérience de l'*exil assumé* réussissent à préserver une certaine cohérence de leur vie, par-delà l'épreuve. Dans ce travail de mise en sens biographique, le militantisme constitue une ressource importante, et ce, principalement en France. En effet, les débats sur la politique et la situation algérienne ont traversé la Méditerranée au point de faire de la question algérienne une affaire française. Les assassinats des intellectuels francophones ont contribué à ce mouvement. Ces meurtres ont aussi suscité l'émoi d'une partie de l'intelligentsia française. On assiste à l'époque à une forte exploitation médiatique de la « femme algérienne courageuse ».[1] Cette figure de l'Algérienne venait conforter le large soutien politique de la France à la politique d'éradication menée par le gouvernement algérien. Qu'elles partagent ou non cette position, les Algériennes ont pu continuer en France à mener leur combat dans les mêmes termes qu'en Algérie. D'emblée, elles ont pu s'enraciner dans des réseaux où leur lutte s'inscrivait dans une continuité. Par exemple, des anciennes militantes du Parti d'Avant Garde Socialiste (PAGS) ou du Rassemblement pour la Culture et de la Démocratie (RCD) intègrent des associations qui militent pour l'éradication de l'islamisme et qui ont soutenu l'annulation des élections de 1991. Les femmes qui ne se reconnaissent pas dans ces options politiques ont également leurs associations. Face à la lecture française de la situation algérienne, militer s'impose à elles comme une nécessité.

> *Quand je suis arrivée fin 93, j'intervenais beaucoup, j'étais extrêmement sollicitée, j'avais des choses à dire. Mais les médias sont terribles, je ne me rendais pas compte, mais on était un marché. J'ai rencontré certaines personnes avec qui il y a eu un retour intéressant, mais il y a eu des cas [...] Donc, je faisais plein d'interventions, à côté j'essayais de bosser, j'avais trouvé un petit boulot de secrétaire qui n'a duré que 15 jours, c'était l'horreur. Les interventions étaient de tout genre ; tous ceux qui s'intéressaient à l'Algérie, voulaient connaître la position des femmes, j'y allais. Comme j'étais présidente d'une*

---

[1] GADANT Monique, « Le mouvement des femmes en Algérie. Modernisme ou féminisme ? », *op. cit.*

association de femmes, j'intervenais dans le milieu étudiant, partout et j'avais des choses à dire. Je me battais contre une vision tronquée de l'Algérie, c'était pour moi une continuité de ce que j'étais. Je sentais qu'il y avait un combat à mener ici et je le menais autant que je le pouvais, mais dans des conditions de vie qui étaient pour moi plutôt dramatiques par rapport à maintenant. Mais pour moi, c'était essentiel. (Mme Bachaï, née en 1952, installée à Paris depuis 1994, à la recherche d'un emploi.)

La possibilité pour les femmes comme pour les hommes, de continuer la lutte dans un cadre où ils sont reconnus et où ils se reconnaissent contribue à préserver certaines de leurs identifications mises à mal par l'exil. L'engagement politique permet, au moins pour un temps, de pallier le déclassement social. Le militantisme assure des lieux où l'estime de soi est préservée, des lieux où les exilés se reconnaissent à travers les yeux d'autrui. Dans ces milieux, ils reçoivent la reconnaissance qui leur manque dans le monde professionnel.

Et quand je suis arrivée à Paris, j'ai tout de suite animé beaucoup de conférences sur la situation en Algérie. Donc, le fait d'animer des conférences, d'avoir une vie publique m'a permis de connaître beaucoup de gens. Tu rencontres des gens qui s'intéressent à l'Algérie, qui veulent savoir. Ça m'a permis d'être soutenue, de trouver vite un logement et un travail. Quand on a une vie publique, il y a des interactions qui se passent, tu rencontres plein de gens qui te proposent des choses qui te permettent d'avancer. Ça a été un large réseau qui m'a soutenue. Des militants algériens et français que je connaissais, avec qui on a travaillé depuis des années. (Mme Nina, née en 1965, cadre, installée à Paris depuis 1995, interprète.)

Les liens historiques de la France et de l'Algérie autorisent la pérennité de l'identification militante. Dès lors que les conditions sont là pour que le discours militant puisse perdurer et trouver un écho chez des interlocuteurs, l'identification militante fonctionne comme ressource. Au Québec, ces espaces de reconnaissance sont moins nombreux. À l'époque de l'installation des Algériens au Canada, l'Algérie n'évoquait que l'exotisme ou la violence intégriste. Des hommes et des femmes ont tenté de monter des associations, mais elles ont très vite périclité en raison de clivages politiques. Nous avons rencontré deux femmes à l'origine de la création d'un collectif dénommé « Présence algérienne », en hommage à la revue algérienne

Présence de femmes. Ce comité visait à « promouvoir une visibilité positive et agissante de la communauté algérienne et faire connaître la situation algérienne au Québec »[1]. Mais l'association n'a pas réussi à se développer. Le message politique rencontrait peu de résonance dans la population québécoise.

> *C'est vrai que c'est rare que les Québécois arrivent à identifier où se situe géographiquement l'Algérie, qu'est-ce qui s'y passe réellement parce que pour eux, c'est toutes les femmes qui portent le hijab, tous les Algériens sont des barbares parce qu'ils tuent et égorgent, c'est ce qui est transmis par les médias. [...] Ils te voient toujours à travers des clichés. Je m'inquiète de la vision qu'ils ont des Algériens à travers les médias, parce que lorsque l'on parle de l'Algérie, on montre des intégristes, donc, qui dit algérien dit musulman intégriste, donc qui dit Algérien au Québec dit : « Ils sont là pour nous convertir. » Il y a un Québécois qui m'a dit : « Nous avec les médias, on a l'impression que les Algériens sont tous des barbares ! » C'est une guerre, et comme toutes les guerres il y a de la barbarie.* (Mme Chumch, née en 1953, cadre supérieur dans un ministère, installée à Montréal depuis 1994, doctorante à l'université.)

De plus, le discours politique est très peu mobilisateur au Canada en raison de l'idéologie multiculturelle. En France les militants sont d'emblée engagés dans une lutte politique qui poursuit celle menée en Algérie, au Québec, en revanche, les exilés doivent avant tout dresser un portrait anthropologique et culturel de leur pays. Seules les associations à vocation culturelle ou humanitaire réussissent à se maintenir. Les exilés doivent alors réinterpréter le langage de leur militantisme et l'adapter à la société locale. Les femmes réussissent généralement mieux à négocier ce virage, leur engagement trouve des points d'ancrage dans le pays d'exil. Au Québec, elles sont plus nombreuses que les hommes à intégrer les secteurs associatifs destinés aux nouveaux arrivants dans lesquels elles sont invitées à s'impliquer bénévolement.

> *Avec le temps, mon implication en tant que bénévole, le fait de m'être impliquée ici, je me sens moins coupable, moins frustrée de ne pas pouvoir m'impliquer dans mon pays. Pour moi, c'est important de lutter, d'être impliquée. Je participe à quelque chose de concret, je fais du bien autour de moi et je sais que j'apporte quelque chose, ça me*

---

[1] Bulletin du collectif présence Algérienne, juin, 1995.

suffit. (Mme Rzela, née en 1950, médecin, installée à Montréal depuis 1994, employée dans un centre communautaire.)

En Algérie, la lutte s'inscrivait dans plusieurs dimensions sociales : scolarité, monde professionnel, sphère politique. Les démarches pour l'intégration tiennent, pour elles, d'une lutte plus pragmatique que la lutte idéologique, mais un combat tout de même. De la Kahina à la moudjahida, les femmes élaborent un discours presque mythique sur l'Algérienne. Elles s'imposent comme héritières d'une histoire de l'adversité qui les rendent, dans leur discours, plus fortes que les hommes en exil.

> *Nous, les femmes, on a plus l'habitude de passer par des périodes de difficultés. Elles sont fortes, parce que déjà quand tu travailles et que tu as suivi des études, ça veut dire que tu as eu déjà pas mal de choses à assumer et que tu n'as pas eu les mêmes facilités que les hommes. En Algérie, c'est comme ça, il ne faut pas se leurrer. Moi j'ai dû déjà assumer le travail, les études, c'est des choses que j'ai réussies à faire et ce n'est pas aujourd'hui que de redémarrer à zéro ça va me faire peur.* (Mme Chumch, née en 1953, cadre supérieur dans un ministère, installée à Montréal depuis 1994, doctorante à l'université.)

Les hommes ont plus de difficultés à faire le lien entre leur expérience militante et les luttes quotidiennes dans la société d'installation. Ils avaient le sentiment d'avoir un ascendant sur les événements politiques et sociaux de leur pays. L'action politique leur permettait de participer à l'Histoire avec un H en majuscule. Au Québec, leur discours n'a plus la même efficacité sociale. Dès lors qu'ils sont confrontés à de nouvelles conditions historiques, politiques et sociales, où leur engagement n'a plus la même résonance, les limites de l'identification militante se font sentir. Les femmes, en revanche, établissent plus facilement un pont entre le monde des idéaux et les mondes concrets de l'action militante. Pour elles, le militantisme apparaît comme une ressource ayant une plus grande efficacité. Par-delà la Méditerranée et l'Atlantique, même si elles ne sont plus cadres, journalistes ou avocates, elles restent des femmes qui se battent. Cette lutte devient opératoire dans le processus d'ajustement biographique qui permet de donner sens à une vie où l'exil a imposé une cassure.

Notre enquête met en évidence les difficultés de l'épreuve de l'exil. Réussir à assumer cette épreuve passe par un combat. Parmi ceux que nous avons interviewés, les exilés qui l'ont mené victorieusement y sont parvenus grâce à une mobilisation, dans la société d'installation, de toutes leurs capacités intellectuelles. En particulier, ces femmes et ces hommes, journalistes, avocats, médecins, universitaires, qui réinvestissent toutes les ressources du langage où, à l'instar de la pragmatique, « dire, c'est faire ». Ainsi, leurs capacités à verbaliser l'exil favorise son dépassement et la mise en œuvre de nouveaux projets de vie pour l'avenir, le leur propre et celui de leurs enfants.

Les exilés proches de l'*exil assumé* parviennent à accepter le bouleversement conséecutifs à l'épreuve. Ils réussissent à instaurer de la continuité là où la rupture imposait une discontinuité. L'inscription de la rupture dans une certaine cohérence biographique permet un tout autre rapport au temps qui passe par la formulation d'aspirations en adéquation avec leur place dans la société d'installation. Tandis que les exilés dont l'expérience est proche de l'expérience de l'*exil subi* ont le sentiment d'être les jouets d'une histoire qu'ils peinent à s'approprier, ceux dont l'expérience est proche de l'*exil assumé* se perçoivent comme les acteurs de leur propre histoire.

Conclusion

> *L'exil, c'est une rupture, c'est la solitude : mes parents, ma famille sont loin. Si, dans ce pays, mon cœur s'arrête personne ne le saura.* (M. Issam, né en 1960, journaliste, installé à Paris depuis 1995, à la recherche d'un emploi.)
>
> *C'est vrai que ça peut paraître contradictoire, mais j'ai l'impression qu'ici, je mène une vie stérile, qui n'a pas de sens.* (Mme Chumch, née en 1953, cadre dans un ministère, installée à Montréal depuis 1994, inscrite à l'Université en Doctorat.)
>
> *Là, l'individu émerge et tu as les conditions d'émerger et c'est tentant à titre personnel, on est un peu pris par ça aussi.* (M. Met, né en 1952, rédacteur en chef d'un journal, installé à Paris depuis 1994, journaliste et écrivain.)
>
> *Quand je suis arrivé ici, c'était comme une bouffée d'oxygène, même si je ne bouge pas et que je ne gagne pas beaucoup d'argent. Je suis en paix et c'est correct.* (M. Balil, né en 1958, enseignant, installé à Montréal depuis 1994, travaille dans un institut de langue.)

Comment saisir la spécificité de l'épreuve de l'exil quand l'analyse de ses chemins conduit de la perte de soi à la découverte existentielle ? Pourquoi certains ont sombré, tandis que d'autres sont parvenus à continuer ? Cet ouvrage s'est attaché à étudier l'expérience vécue de l'exil à partir de l'analyse des trajectoires des Algériens exilés en France et au Canada, suite à la guerre civile des années 1990. Il s'agissait de *comprendre* comment des individus parvenaient à préserver une relative cohérence dans leur vie, alors même que l'épreuve de l'exil est venue la bouleverser de part en part. Pour le rappeler, c'est en comparant les trajectoires, en France et au Québec, des exilés algériens francophones que nous avons interrogé le poids que pouvaient avoir sur leur destin les projets politiques des deux sociétés d'installation.

Après avoir montré en quel sens *l'exil* peut être saisi comme une *épreuve,* on s'est attaché à analyser les traits saillants qui viennent définir les projets politiques des sociétés française et canadienne. À partir de là, les expériences individuelles ont pu être comparées aux conjonctures sociales. Et c'est ensuite l'élaboration d'une typologie des expériences vécues de l'épreuve de l'exil qui a permis de montrer comment ces deux dimensions (individuelle et structurelle) s'articulent. Cette typologie constitue le cœur de l'ouvrage.

Au travers du premier type idéal, désigné comme l'*exil subi*, nous avons analysé les trajectoires des individus qui ne parviennent pas à surmonter l'épreuve. Ils nourrissent le sentiment d'être soumis à leur propre histoire ; une histoire marquée par une rupture qu'ils peinent à accepter. Le second type idéal, l'*exil assumé,* renvoie, quant à lui, à l'expérience vécue de l'exil dans une dimension plus heureuse. Il permet de mettre en relief les modalités par lesquelles les individus réussissent à tracer leur vie, avant et après l'épreuve, suivant un cheminement doté d'une relative continuité. Ces deux manières de vivre l'épreuve ont été analysées à travers quatre dimensions qui viennent définir l'expérience de l'exil : la *signification du départ et le rapport à l'Algérie,* l'*intégration professionnelle,* le *rapport aux installés* et le *rapport à soi*.

L'enquête a montré les effets des projets politiques sur les trajectoires des exilés. La France, expression forte de l'État-nation, reste très attachée au principe de la laïcité. Elle résiste, du moins officiellement, à la reconnaissance des particularismes dans la vie politique. Au Canada, en revanche, la reconnaissance de la différence comme valeur est liée au principe même de son projet politique. Depuis 1971, le multiculturalisme y recouvre le statut d'une véritable politique officielle. Ces deux projets divergents sont relayés par des mythologies nationales qui ont des répercussions sur le sentiment de légitimité que ressentent les exilés au regard de leur place dans les sociétés d'installation. En France, la référence à une identité collective homogène reste prégnante dans la manière dont la société se conçoit et dans la place qu'elle confère aux étrangers : le renvoi à une altérité stigmatisante est un défi auxquels beaucoup sont confrontés. Au Canada, les Algériens peuvent s'appuyer sur le mythe national mettant en valeur un pays peuplé d'immigrants, mythe dans lequel ils ont l'opportunité de puiser des motifs de croire en la légitimité de leur présence.

De manière tout à fait significative, le poids de l'histoire continue d'exercer une influence sur l'expérience des Algériens exilés en France. Annihilés par l'épreuve ou capables de la surmonter, ils sont confrontés à une mémoire irrévocable qui leur apparaît sous un double visage : d'un côté, celle d'une France injuste qui continue de se conduire mal envers les Algériens et, de l'autre côté, celle d'une France presque sœur, avec laquelle les références partagées transcendent les frontières. Ces élites francophones ont longtemps été dans un « jeu de miroir »[1] avec leurs homologues français ; elles leur offraient l'image rassurante d'une Algérie familière, comme le symbole d'une histoire réconciliée. Mais, dans ce jeu de miroir, c'est toute la réciprocité des rapports de reconnaissance qui se trouve impliquée. Lorsqu'elle est déçue, l'attente de réciprocité qui devrait se traduire, en exil, par le maintien d'un certain statut social en France vient nourrir une rancœur. Échec de reconnaissance qui est alors d'autant moins compris, et d'autant moins admissible pour ces Algériens, que la raison même de leur exil était une certaine proximité avec la France. Toutes les conditions sont alors réunies pour que la question de la dette historique et morale ressurgisse avec une force souvent dévastatrice. Question redoutable et lancinante dont on voit aujourd'hui toute la résonance et dont on mesure, ici, les incidences sur les trajectoires individuelles.

Aux mythologies nationales, viennent encore s'ajouter les effets directs des lois qui découlent des projets politiques des deux sociétés. La législation canadienne permet, et même encourage, une installation durable des étrangers, tandis que la France ne leur propose, pour la plupart, que des statuts de séjour précaires. L'*incertitude juridique* à laquelle sont confrontés les exilés en France traverse l'ensemble des dimensions de leur vie. Elle n'autorise pas les projections dans l'avenir et enferme les exilés dans un temps fait d'urgences immédiates. Cet emprisonnement dans le temps présent, peu propice aux retours sur

---

[1] CESARI Jocelyne, « L'effet « Airbus » », *Les cahiers de l'Orient*, n° 36-37, 1994-1995, pp. 175-191.

soi et à l'élaboration de projets, rend difficile la maîtrise de l'épreuve. L'incertitude juridique s'inscrit dans la logique générale d'une politique d'immigration en France et en Europe, marquée par la volonté de freiner l'immigration d'établissement. Elle témoigne de la distance délétère qui s'immisce entre le droit en tant que tel et la question du statut des étrangers. Que la question du droit d'asile reste subordonnée aux politiques migratoires, ne manque pas de soulever des questions d'ordre éthique.

Si les projets politiques pèsent lourdement sur les trajectoires des exilés, un malentendu doit cependant être dissipé. On aurait pu penser que le cadre juridique et politique propre à chacune des sociétés entraînerait – tel son aboutissement logique – une expérience de l'exil qui se ramènerait à l'un ou l'autre type. Tel n'est pas le cas, et c'est justement dans la mise en lumière de cette complexité que réside notre contribution à la sociologie des épreuves. L'enquête révèle, en effet, que l'impact du projet politique n'est pas, en lui-même, suffisant pour rendre compte de l'expérience vécue. Comme nous l'avons montré, la situation des exilés algériens en France s'apparente, bien davantage qu'au Canada, au type de l'*exil subi*, et ce, en raison des contraintes légales rencontrées par les exilés. Néanmoins, l'enquête dévoile que les exilés conservent une capacité de dépassement de l'épreuve, notamment parmi ceux qui parviennent à s'affranchir des obstacles institutionnels. À l'inverse, et il s'agit maintenant de l'exemple canadien, l'absence d'obstacles institutionnels ou structurels favorisera le dépassement de l'épreuve de l'exil, sans toutefois induire mécaniquement une expérience proche de celle de l'*exil assumé*. Car le modèle canadien possède ses propres ambiguïtés. Certes, la possibilité de s'inscrire dans une « carrière d'immigrant » vient rendre l'incertitude de l'exil moins dramatique. Reste pourtant à déterminer de quelle manière il est possible de sortir de cette « carrière ». Car elle ne saurait continuer de recouvrir un rôle positif, si elle se perpétue à l'infini. Au regard de l'expérience des Algériens à Montréal, comment ne pas rester perplexe devant le caractère paradoxal de cette situation ? Alors même que le haut degré de qualification des exilés est considéré au plan institutionnel comme un véritable atout justifiant leur installation, cette même expérience professionnelle s'avère, dans les faits, non utilisée, voire complètement niée, une fois l'installation réalisée.

Dans la mesure où les deux types-idéaux se rencontrent dans chacune des sociétés d'installation, l'enquête souligne combien l'expérience vécue de l'exil procède du *jeu combiné* des facteurs *structurels* et de facteurs plus *individuels*. Ces derniers ont trait au pouvoir d'innovation des individus que les circonstances contraignent à faire des choix de vie singuliers. Ces choix, à leur tour, imposent une orientation à leurs trajectoires personnelles et familiales et vis-à-vis desquels ils portent une responsabilité parfois douloureuse. Au-delà de la communauté des itinéraires, des difficultés, des déceptions, des projets, des échecs ou des réussites, il est apparu que chacun pouvait imprimer sa marque par l'investissement d'un sens qui lui est propre. Chacun met en œuvre des compétences et des atouts qui le distinguent de tout autre, en préservant ses identifications vécues comme les plus cruciales. C'est cette préservation des identifications qui s'avère la véritable condition de possibilité pour assumer l'épreuve de l'exil. De par la série de ruptures dramatiques qu'il impose, l'exil vient s'ajouter, de manière particulièrement significative, à la liste des épreuves sociales (chômage, emprisonnement, maladie, etc.) au travers desquelles sont analysés les processus complexes qui sont à l'origine de la formation de l'identité.

Une autre conclusion ressort de notre étude. Pour reprendre les termes des analyses d'Abdelmalek Sayad qui appréhende l'immigration algérienne au travers de trois « âges », cette recherche fait apparaître que l'exil de notre population constitue un « quatrième âge ». Adoptant la perspective de l'auteur, nous nous sommes intéressée au destin social des exilés, à la fois, dans leur propre pays et dans la société d'installation. Au-delà des particularités afférentes aux modes d'insertion de ces Algériens, l'émergence d'un nouvel « âge » découle du caractère spécifiquement politique de leur départ. Assurément, il convient de souligner la complexité des processus migratoires et, notamment, l'enchevêtrement de leurs dimensions politique et économique. Pour autant, il apparaît clairement dans notre travail que la dimension politique prévaut dans l'expérience de nos enquêtes : même lorsque les impératifs économiques tiennent une place dans leur décision de départ, celle-ci s'avère, dans tous les cas, secondaire. C'est là une différence notable par rapport aux âges précédents de l'immigration algérienne. Il serait intéressant d'analyser à quelles conditions et avec quelles réserves notre analyse de l'épreuve de l'exil pourrait s'appliquer à des populations similaires, c'est-à-dire composées d'individus dont le statut d'élite se retourne en leur défaveur au point de motiver un rejet de la part de leur propre société et de les forcer à s'aventurer sur les chemins de l'exil.

Difficile de clore cette enquête. Plusieurs dimensions restent encore à explorer. Depuis l'installation des exilés à Montréal et à Paris, dix années sont déjà passées. Le temps qui s'est écoulé depuis lors a-t-il consolidé ou ébranlé les conditions de l'*exil assumé* ? A-t-il signifié la fin de la vie douloureuse induite par un *exil subi* ? Dans les années quatre-vingt-dix, les Algériens qui tentaient de s'établir à Montréal se voyaient accorder aisément le statut de réfugié. Depuis, les choses ont changé et la question de l'*incertitude juridique* apparaît aujourd'hui avec force à travers le cas des « sans statuts » algériens. Un tel changement pourrait nous inciter à questionner l'impact que recouvre désormais cette notion sur la situation actuelle des exilés algériens au Canada. Des Algériens installés à Montréal nous ont confié leur désir de s'installer en France une fois leur citoyenneté obtenue tandis que d'autres, en France, projetaient de s'installer au Canada. Est-ce là l'esquisse de nouvelles formes de trajectoires migratoires ? Comment ne pas s'interroger également sur les effets des techniques de communication, notamment internet, sur l'expérience vécue de l'exil. Les nouvelles opportunités de communication viennent-elles modifier le rapport à l'exil ? Concourent-elles à favoriser le maintien de liens sociaux qui protègent de la rupture de l'exil ? Autant de questions qui restent à explorer. Mais pour finir, revenons une dernière fois à ces paroles d'exilés qui constituent le cœur de cet ouvrage. Qu'est-il advenu de M. et Mme Zem, eux qui étaient conscients de vivre l'exil d'une manière si radicalement différente. Ont-ils réussi à surmonter la distance que l'exil avait creusée entre eux ? : « *Ici, nous nous sommes retrouvés au point zéro. Il y a un certain nombre d'entre nous qui ont réussi à continuer, d'autres qui ne s'en remettent pas. Chez nous, chacun vit son exil. Ma femme a décidé de continuer, moi... je n'y arrive pas. L'Algérie, pour elle, c'est derrière, alors, à la limite, elle n'a pas la même douleur que moi. Elle-même me le dit. Elle sait que je suis un homme totalement déchiré. Moi, je ne vivais pas pour moi, mais pour ma société, donc ma douleur est différente. Ma femme a changé de relief, de géographie, elle s'est déplacée. Moi, ma tête est restée là-bas. Tu pourrais l'appeler comme ça, ta thèse : 'Les hommes déchirés'* ».

Bibliographie

ADDI Lahouari, « Les intellectuels qu'on assassine », *Esprit*, n° 208, 1995, pp. 130-138.

AGIER Michel, *Aux bords du monde, les réfugiés*, Paris, Flammarion, 2002.

AGERON Charles-Robert, *France coloniale ou parti colonial*, Paris, Presses Universitaires de France, 1978.

AGERON Charles-Robert, *La Décolonisation française*, Paris, Armand Colin, 1991.

ARENDT Hannah, « Nous autres réfugiés » (1943), *La Tradition cachée*, Paris, Christian Bourgeois, 1987.

ARMAND-DREYFUS Geneviève, « L'accueil des républicains espagnols en France : entre exclusion et utilisation, 1936-1940 », *Matériaux pour l'histoire de notre temps*, n° 44, octobre-décembre 1996, pp. 36-41.

ARON Raymond, *Etudes sociologiques*, Paris, Presses Universitaires de France, 1988.

ATTIAS-DONFUT Claudine, *Sociologie des générations. L'empreinte du temps*, Paris, Presses Universitaires de France, 1988.

BALANDIER Georges, « La situation coloniale : approche théorique », *Les Cahiers internationaux de sociologie*, vol. XI, 1951, pp. 44-79.

BALTA Paul, RULLEAU Claudine, *L'Algérie*, Paris, Milan, 2002.

BETTAHAR Yamina, « Les nouveaux migrants algériens des années quatre-vingt-dix », *Hommes et migrations*, juillet 2003, n° 1244, pp. 39-46.

BENAYOUN Chantal, « L'esprit du temps : les définitions identitaires chez les Juifs et les Arabes en France », *Revue Européenne des Migrations Internationales*, volume 9, n° 3, 1993, pp. 95-117.

BENRABAH Mohammed, *Langue et pouvoir en Algérie. Histoire d'un traumatisme linguistique*, Paris, Séguier, 1999.

BERGER Peter, LUCKMANN Thomas, *La Construction sociale de la réalité* (1966), Paris, Armand Colin, 1996.

BOLTANSKI Luc, CHIAPELLO Eve, *Le Nouvel esprit du capitalisme*, Paris, Gallimard, 1999.

BOURDIEU Pierre, SAYAD Abdelmalek, *Le Déracinement. La crise de l'agriculture traditionnelle*, Paris, Éditions de Minuit, 1964.

BOURDIEU Pierre, *Méditations pascaliennes*, Paris, Seuil, 1997.

CALVÈS Gwenaëlle, *La Discrimination positive*, Paris, Presses Universitaires de France, « Que sais-je », 2004.

CARADEC Vincent, *Le Couple à l'heure de la retraite*, Presses Universitaires de Rennes, 1996.

CARADEC Vincent, « Le problème de la 'bonne distance' conjugale au moment de la retraite », *Revue Française de sociologie*, volume XXXV, 1994, pp. 101-124.

CESARI Jocelyne, « L'effet Airbus », *Les cahiers de l'Orient*, n° 36-37, 1994-1995, pp. 175-191.

CINGOLANI Patrick, « Figures de l'étranger. Immigrés, nomades, exilés », *Tumultes*, n° 5, 1994.

COLLOMP Catherine, MENENDEZ Mario, *Exilés et réfugiés politiques aux États-Unis. 1789-2000,* Paris, CNRS éditions, 2003.

CONSTANTINIDES Daniel, « Ethnicité et pluralisme culturel », *Revue internationale d'action communautaire*, 1985, n° 14-54, pp. 65-71.

CRÉPEAU François, TREMBLAY Philippe, « Les stratégies nord-américaines en matière d'asile », *La Place de l'asile politique dans l'immigration*, Colloque Migrinter-Grisa-Idup, Poitiers 4-5 février, 2000.

CRÉPEAU François, « Le migrant dans l'ordre juridique canadien », *Hommes et migrations*, n° 1200, juillet 1996, pp. 15-24.

CUCHE Denys, *La Notion de culture dans les sciences sociales* (1996), Paris, La Découverte, 2004.

CUCHE Denys, « Femmes algériennes expatriées en France. De l'identité sociale légitime à l'identité individuelle illégitime », *in La France pluriel*, Paris, L'Harmattan, 1984, pp. 110-138.

CYRULNICK Boris, *Un Merveilleux Malheur* (1999), Paris, Odile Jacob, 2002.

DJEGLHOUL Abdelkader, *Les Intellectuels et le pouvoir*, Le Caire, CEDEJ/CNRS, 1985.

DUBAR Claude, *La Crise des identités. L'interprétation d'une mutation*, Paris, Presses Universitaires de France, 2000.

DUFOIX Stéphane, *Politiques de l'exil*, Paris, Presses Universitaires de France, 2001.

DE RUDDER Véronique, POIRET Christian, *L'Universalisme à l'épreuve*, Paris, Presses Universitaires de France, 2000.

DUMONT Johanne, SANTOS Paula, *Contraintes et facteurs favorables à l'intégration des personnes immigrantes au marché du travail*, Publication du Québec, Collection Eudes et recherche, n° 14, 1996.

ELBAZ Mikhaël, FORTIN André, LAFOREST Guy (sous la dir.), *Les Frontières de l'identité. Modernité et post-modernité au Québec*, Paris, L'Harmattan, 1996, pp. 105-128.

ELIAS Norbert, *Logiques de l'exclusion* (1965), Paris, Fayard, 1997.

FASSIN Didier, MORICE Alain, « Les épreuves de l'irrégularité : les sans-papiers, entre déni d'existence et reconquête d'un statut », *in* SCHNAPPER Dominique (études réunies par), *Exclusions au cœur de la cité*, Paris, Anthropos, 2001, pp. 261-309.

FASSIN Didier, « La santé en souffrance », *in id*, MORICE Alain, QUIMINAL Catherine, *Les Lois de l'inhospitalité. Les politiques d'immigration à l'épreuve des sans-papiers*, Paris, La Découverte, 1997, pp. 107-124.

FERRÉ Nathalie, « La production de l'irrégularité », *in* FASSIN Didier, MORICE Alain, QUIMINAL Catherine (sous la dir.), *Les Lois de l'inhospitalité. Les politiques d'immigration à l'épreuve des sans-papiers*, Paris, La Découverte, 1997.

FILLAUD Laurence, *Socialisation au quotidien des femmes immigrées maghrébines à Montréal : État, acteurs et biographies individuelles*, Thèse de Doctorat en Sciences Politiques, Université Laval (Canada), 2001.

GADANT Monique, « Le mouvement des femmes en Algérie. Modernisme ou féminisme ? », *Le Nationalisme algérien et les femmes*, Paris, L'Harmattan, 1995.

GASTAUD Yvan, *L'immigration et l'opinion en France sous la Ve République*, Paris, Seuil, 2000.

GEISSER Vincent, LORCERIE Françoise, ABADA Khadija, HORCHANI-ZAMITI Malika, MARTINELLO Marco, « Une chromique pour les Maghrébins en Europe », *Annuaire de l'Afrique du Nord*, vol. 32, 1993.

GEISSER Vincent, *Ethnicité républicaine. Les élites d'origine maghrébine dans le système politique français*, Paris, Presses de Sciences Po, 1997.

GOFFMAN Erving, *Stigmates. Les usages sociaux des handicaps* (1976), Paris, Les Éditions de Minuit, 1996.

GOTMAN Anne, *Le Sens de l'hospitalité*, Paris, Gallimard, 2001.

GREEN Nancy L., *Repenser les migrations*, Paris, Presses Universitaires de France, 2002.

GROS Dominique, « Sujets et citoyens en Algérie avant l'ordonnance du 7 mars 1944 », *Le Genre humain*, 1997, pp. 39-52.

HACHIMI ALAOUI Myriam, « Les effets discriminatoires de l'*incertitude juridique* », *Raison présente*, « Discriminations », n° 152, 2006, pp. 61-72.

HACHIMI ALAOUI Myriam, « Carrière brisée, carrière de l'immigrant : l'expérience montréalaise », *Diversité urbaine*, vol 1, n° 5, 2006, pp. 111-123.

HADDAB Mustapha, « L'évolution des cadres en Algérie et ses effets sur les institutions de formation », in BROADY Donald, DE SAINT MARTIN Monique, PALME Michael, *Les Élites. Formation, reconversion, internationalisation*, Paris, EHESS, 1995, pp. 12-27.

HAMOUMOU Mohand, *Et ils sont devenus harkis*, Paris, Fayard, 1993.

HARBI Mohammed, *L'Algérie et son destin. Croyants ou citoyens*, Paris, Arcantère, 1992.

HEINICH Nathalie, « Façons d'être écrivain. L'identité professionnelle en régime de singularité », *Revue française de sociologie*, volume XXXVI, n° 3, 1995, pp. 499-524.

HELLY Denise, VAN SCHENDEL Nicolas, *Appartenir au Québec. Citoyenneté, nation et société civile*, Québec, Les Editions de l'IQRC, 2001.

HELLY Denise, *Les Études ethniques au Canada*, Montréal, Immigration et Métropole, 1999.

HENRY Jean-Robert, « Assumer l'histoire commune », *Confluences méditerranée*, n° 19, Automne 1996, pp. 17-28.

HUGHES C. Everett, *Le Regard sociologique*, Paris, EHESS, 1996.

KADRI Aïssa (sous la dir.), *Parcours d'intellectuels maghrébins. Scolarité, formation, socialisation et positionnement*, Paris, Karthala, 1999.

KHELLADI Aïssa et VIROLLE Marie, « Les démocrates algériens ou l'indispensable clarification », *Les Temps Modernes*, n° 580, 1995, pp. 137-153.

LAACHER Smaïn, *L'immigration*, Paris, Le cavalier bleu, 2006.

LAACHER Smaïn, *Après Sangatte. Nouvelles immigrations. Nouveaux enjeux*, Paris, La Dispute, 2002.

LABAT Séverine, *Les Islamistes algériens. Entre les urnes et le maquis*, Paris, Seuil, 1995.

LABELLE Micheline, « Le défi de la diversité au Canada et au Québec », *Options politiques*, mars-avril 2005.

LABELLE Micheline, SALÉE Daniel, « La citoyenneté en question : l'État canadien face à l'immigration et à la diversité nationale et culturelle », *Sociologie et sociétés*, Volume XXI, n° 2, 1999, pp. 125-144.

LAHOUARI Addi, *Les Mutations de la société algérienne. Famille et lien social dans l'Algérie contemporaine*, Paris, La Découverte, 1999.

LEGOUX Luc, *La Crise de l'asile politique en France*, Paris, CEPED, 1995.

LEVEAU Rémy, « Le paradoxe d'absence d'exilés politiques maghrébins en France », *Migrations Santé*, 1er trimestre, 1994, pp. 111-116.

LEVINAS Emmanuel, *Totalité et infini* (1971), Paris, Livre de poche, 1990.

LIN Nan, « Les ressources sociales : une théorie du capital social », *Revue Française de sociologie*, volume XXXVI, n° 4, 1995, pp. 685-704.

LOCHAK Danièle, *Étrangers : de quel droit ?* Paris, Presses Universitaires de France, 1988.

MARESCHAL Julie, « Politiques répressives et droits des réfugiés : vers de nouvelles formes de solidarité », *Vivre ensemble*, volume 12, n°2, été 2004.

MARTUCCELLI Danilo, *Forgé par l'épreuve. L'individu dans la France contemporaine*, Paris, Armand Colin, 2006.

MEINTEL Deirdre, PICHÉ Victor, FORTIN Sylvie (sous la dir.), *Le Quartier Côte-des-Neiges : les interfaces de la pluriethnicité*, Paris, L'Harmattan, 1998.

MERCURE Daniel, *Les Temporalités sociales*, Paris, L'Harmattan, 1995.

MOOREHEAD Caroline, *Cargaison humaine. La tragédie des réfugiées*, Paris, Albin Michel, 2006.

NOIRIEL Gérard, *Réfugiés et sans-papiers. La République face au droit d'asile*, Paris, Calmann-Levy, 1991.

PARADEISE Catherine, *Les Comédiens. Professions et marché du travail*, Paris, Presses Universitaires de France, 1998.

PAUGAM Serge, *Le Salarié de la précarité*, Paris, Presses Universitaires de France, 2000.

PAUGAM Serge, *La Disqualification sociale*, Paris, Presses Universitaires de France, 1991.

PELABAY Janie, *Charles Taylor, penseur de la pluralité*, Presses de l'Université Laval/L'Harmattan, 2001.

PERVILLÉ Guy, « La notion d'élite dans la politique indigène de la France », *in* GUILLAUME Sylvie (sous la dir.), *Les Élites fin du siècle. XIXe-XXe siècle*, Éditions de la Maison des Sciences de l'Homme d'Aquitaine, 1992, pp. 179-192.

PERVILLÉ Guy, *Les Étudiants algériens de l'université française 1880-1962*, Paris, Éditions du CNRS, 1984.

RENAUD Jean, GINGRAS Lucie, VACHON Sébastien, BLASER Christine, GODIN Jean-François, GAGNÉ Benoît, *Ils sont maintenant d'ici ! Les dix premières années au Québec des immigrants admis en 1989*, Les publications du Québec, 2001.

ROSTAING Corinne, *La Relation carcérale. Identités et rapports sociaux dans les prisons de femmes*, Paris, Presses Universitaires de France, 1997.

SALÉE André, « La mondialisation et la construction de l'identité au Québec » *in* ELBAZ Mikhaël, FORTIN André, LAFOREST Guy (sous la dir.), *Les Frontières de l'identité. Modernité et post-modernisme au Québec*, Paris, L'Harmattan, 1996, pp. 105-128.

SAYAD Abdelmalek, *La double absence. Des illusions aux souffrances de l'immigré*, Paris, Seuil, 1999.

SAYAD Abdelmalek, « Les trois âges de l'émigration algérienne en France », *Actes de la recherche en Sciences Sociales*, 1977, n° 15, pp. 59-79.

SCHNAPPER Dominique, *La Démocratie providentielle. Essai sur l'égalité contemporaine*, Paris, Gallimard, 2002.

SCHNAPPER Dominique, *La Relation à l'Autre*, Paris, Gallimard, 2000.

SCHNAPPER Dominique, *La Compréhension sociologique*, Paris, Presses Universitaires de France, 1999.

SCHNAPPER Dominique, *La Communauté des citoyens. Sur l'idée moderne de nation*, Paris, Gallimard, 1994.

SCHNAPPER Dominique, *L'Épreuve du chômage* (1981), Paris, Gallimard, 1994.

SIMMEL Georg, « Digressions sur l'étranger » (1908) *in* JOSEPH Isaac, GRAFMEYER Yves, *L'École de Chicago*, Paris, Éditions du Champ urbain, 1979, pp. 53-59.

SOSOE Lukas (sous la dir.), *Diversité humaine. Démocratie, multiculturalisme et citoyenneté*, Paris/Québec, L'Harmattan / Les Presses de l'Université Laval, 2002.

SPIRE Alexis, *Étrangers à la carte. L'administration de l'immigration en France*, Paris, Grasset, 2005.

STORA Benjamin, *Les trois exils. Juifs d'Algérie*, Paris, Éditions Stock, 2006.

STORA Benjamin, *La Guerre invisible : Algérie, années 90*, Paris, Presses de Sciences Po, 2001.

STORA Benjamin, *Histoire de l'Algérie depuis l'indépendance*, Paris, La Découverte, 1994.

STRAUSS Anselm, *Miroirs et masques. Une introduction à l'interactionnisme* (1989), Paris, Métailié 1992.

TAYLOR Charles, *Rapprocher les solitudes*, Sainte-Foy, Les Presses de l'Université Laval, 1992.

THIBAUD Paul, « Génération algérienne ? », *Esprit*, n° 161, mai 1990, pp. 46-60.

TODOROV Tzvetan, *Nous et les autres. La réflexion française sur la diversité humaine*, Paris, Seuil, 1989.

TRIGANO Shmuel, *Le Temps de l'exil*, Paris, Payot, 2001.

VASQUEZ Ana, ARAUJO Ana Maria, *Exils latino-américains : la malédiction d'Ulysse. L'histoire des exilés latino-américains*, Paris, L'Harmattan, 1988.

WEIL Patrick, *La République et sa diversité. Immigration, intégration, discriminations*, Paris, Seuil, 2005.

WEIL Patrick, *Qu'est-ce qu'un Français ? Histoire de la nationalité française depuis la Révolution*, Paris, Grasset, 2002.

TABLE

REMERCIEMENTS 7
PRÉFACE 9
INTRODUCTION 13
    Les exilés algériens 15
        L'exil comme épreuve 16
        Le « quatrième âge » de l'immigration algérienne 18
        Rencontres 21
    Deux terres d'asile 24
        Le pluralisme fondateur de la société canadienne 24
        La France : « Nous et les autres » 26
        La politique du multiculturalisme 30
        De l'intégration à la discrimination 33
        Choisir ses immigrants 36
        Ils ne repartiront pas 38
    Les expériences vécues de l'exil 42

PREMIÈRE PARTIE. L'EXIL SUBI 47

CHAPITRE 1. LE DÉPART, SIGNE D'IMPUISSANCE 49
    La participation à l'histoire algérienne 49
        L'ethos du militant 50
        L'engagement intellectuel 54
    De la vie bouleversée à l'exil 57
        Les mises en question 57
        Les difficultés au quotidien 62

CHAPITRE 2. TRAJECTOIRES PROFESSIONNELLES 67
    Les obstacles à l'intégration professionnelle 68
    Des parcours chaotiques 69
    Des parcours précaires 73

CHAPITRE 3. L'HUMILIATION ET L'INDIFFÉRENCE 81
    Une relation humiliante 82
        Le soupçon 82
        La condition sociale de l'étranger 85
    La confrontation à l'indifférence 87
        L'exclusivité d'une identité « pure laine » 87
        Les différences invisibles 91

CHAPITRE 4. LE RAPPORT À SOI DÉVALUÉ 95

La baisse de l'estime de soi 96
Le déclassement social 99
L'« exil conjugal » 108
Les maux de l'exil 113
Des corps en souffrance 113
Le temps altéré 116

DEUXIÈME PARTIE. L'EXIL ASSUMÉ 123

CHAPITRE 5. LE DÉPART COMME PROJET 125

Les projets 126
L'aisance matérielle 129
L'avenir des enfants 132
Les ruptures 135
Les ruptures professionnelles 135
La marginalisation 137
Les espoirs déçus 139

CHAPITRE 6. LA « GRANDEUR » ET LA « PERFORMANCE » 143

L'épreuve surqualifiante 144
La grandeur consacrée de l'élite 144
Stabilité de l'emploi et maîtrise de l'épreuve 148
La logique de la compétition 149
La « carrière » de l'immigrant 150
Une intégration performante 153

CHAPITRE 7. « PROXIMITÉ » ET « COURTOISIE » 157

La familiarité française 157
Les logiques de distinction 158
De la proximité à la fusion 160
L'hospitalité canadienne 164
Un mythe efficace 165
Des relations courtoises 168

CHAPITRE 8. LE RAPPORT À SOI PRÉSERVÉ 171

La découverte de soi 172
La famille restructurée 178
La ressource du statut de militant 180

CONCLUSION 185

BIBLIOGRAPHIE 191

L'HARMATTAN, ITALIA
Via Degli Artisti 15 ; 10124 Torino

L'HARMATTAN HONGRIE
Könyvesbolt ; Kossuth L. u. 14-16
1053 Budapest

L'HARMATTAN BURKINA FASO
Rue 15.167 Route du Pô Patte d'oie
12 BP 226
Ouagadougou 12
(00226) 50 37 54 36

ESPACE L'HARMATTAN KINSHASA
Faculté des Sciences Sociales,
Politiques et Administratives
BP243, KIN XI ; Université de Kinshasa

L'HARMATTAN GUINÉE
Almamya Rue KA 028
En face du restaurant le cèdre
OKB agency BP 3470 Conakry
(00224) 60 20 85 08
harmattanguinee@yahoo.fr

L'HARMATTAN CÔTE D'IVOIRE
M. Etien N'dah Ahmon
Résidence Karl / cité des arts
Abidjan-Cocody 03 BP 1588 Abidjan 03
(00225) 05 77 87 31

L'HARMATTAN MAURITANIE
Espace El Kettab du livre francophone
N° 472 avenue Palais des Congrès
BP 316 Nouakchott
(00222) 63 25 980

L'HARMATTAN CAMEROUN
Immeuble Olympia
Face à la Camair
Yaoundé

624866 - Octobre 2015
Achevé d'imprimer par